子曰："述而不作，信而好古，窃比于我老彭。"
——《论语》之《述而篇第七》

老子《道德经》有各种不同的历史版本。其中，河上公本和王弼本是两种影响最大的版本。现在出土的帛书和竹书《道德经》引发了人们对于原本《道德经》探究的兴趣。但本书仍然以王弼本《道德经》及今人的校正本作为译解和论述的依据。这在于它是最具有思想影响史的文本。

论老子

彭富春／著

人民出版社

责任编辑：洪　琼

版式设计：汪　莹

图书在版编目（CIP）数据

论老子 / 彭富春 著 .– 北京：人民出版社，2014.4（2024.12 重印）

ISBN 978 – 7 – 01 – 013161 – 0

I.①论… 　II.①彭… 　III.①道家　②《道德经》– 研究　IV.① B223.15

中国版本图书馆 CIP 数据核字（2014）第 023090 号

论 老 子

LUN LAOZI

彭富春　著

人民出版社 出版发行

（100706　北京市东城区隆福寺街 99 号）

北京中科印刷有限公司印刷　新华书店经销

2014 年 4 月第 1 版　2024 年 12 月北京第 5 次印刷

开本：710 毫米 ×1000 毫米 1/16　印张：17.25

字数：240 千字　印数：12,001 – 13,000 册

ISBN 978 – 7 – 01 – 013161 – 0　定价：76.00 元

邮购地址 100706　北京市东城区隆福寺街 99 号

人民东方图书销售中心　电话（010）65250042　65289539

目 录

第二部分

《道德经》论述

第一部分

《道德经》译解

第 一 章

道可道，非常道；名可名，非常名。

无，名天地之始；有，名万物之母。

故常无，欲以观其妙；常有，欲以观其徼。

此两者，同出而异名，同谓之玄。玄之又玄，众妙之门。

译 文

凡是可以言说的道，就不是常道；凡是可以指称的名，就不是常名。

无指称天地的开始；有指称万物的母体。

因此，人常从无中去直观道的奥妙；常从有中去直观道的边界。

无和有这两者，它们具有同一的本源，但具有不同的名字，它们都是玄秘的。它们玄秘而又玄秘，是所有奥妙之物之门。

解 析

在《道德经》八十一章中，第一章是最重要的。这在于它是老子思想的大纲。其结构包括了四个主要方面：常道、存在、思想和语言。

一、常道

道是老子思想的核心词。道在汉语中就是道路、路途。《说文解字》说：道，所行道也。一般人们把道路理解为已经存在的一个固定的线路，从此处延伸到彼处。人行走于其上，从出发点到达目的地。因此，道路只是人们行走的手段。

道路有多种形态。最早的道路是天然的道路。它是大地或者河流天然形成的，如田间小路、河岸等。除了天然道路之外还有人工的道路。人们在原野上开辟了道路，也就是从无道路的地方建设出一条道路来，如乡村公路和高速公路等。

但是，作为老子文本的核心词的道却并非一般人行走的道路，而是天、地、人的根本道路。道在此发生了语义的转变。它不是人开辟的道路，而是自身开辟的道路。这就是说，道是自身展开和运行的。如此理解的道路是事物的本性或真理。因此，道就不是一般现实的道路，而是常道。常既是平常，也是永远。于是，常道是平常和永远的道。

因为道是最本源的，所以道规定了存在、思想和语言。

二、存在：有与无

道自身显现为存在。只要道是道的话，道就是存在的，因此道是有。但有不是一个物，因此有就是无。但无并非是什么都没有，因此，无就是有。道的存在是有和无的同一。这就是说，它既是有，也是无。这也可以说，道既非有，也非无。这消除了人们从片面的有或片面的无去理解道。

如果说道是存在的话，那么天地万物则是存在者。道是天地万物的

本源和开端，也就是老子所说
的天地之母和万物之始。母和
始是原因和基础的另一个说法。
道使天地成为天地，使万物成
为万物。天就是苍天，地就是
大地。天地是万物之天地，万
物是天地之万物。它包括了自
然界整体，并可区分为矿物、
植物、动物等。人生天地间。
和万物一样，人也是一个物，
只不过是一个特别的物。

三、思想：观

思想是观。观是看。这里
的观不是外在的眼睛之观，而
是内在的心灵之观。但观本身
需要区分。观可以区分为三种：
盲目、意见和洞见。盲目对应
无知，意见对应假知，洞见对
应真知。观在此理解为洞见，
而区分于盲目和意见。盲目不
能看到物的本性或者没有看到
物的本性；意见似是而非，它仿
佛看到事物的本性，但实际上
并没有看到事物的本性。洞见

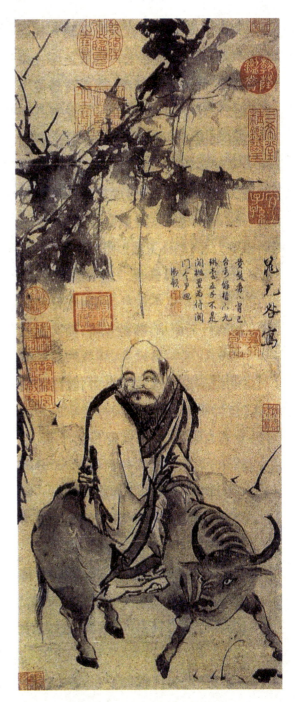

宋·晁无咎《老子出关图》（水墨画）

5

作为思想不是推理和论证，而是一种能直接看到事物本性也就是真理的能力。因此，观成为了直观。

如何观？老子提出要常无和常有。思想之所以要常有和常无，是因为道本身常有和常无。这就是说，人从道的本性亦即有和无的同一性来观察，来思想。人的思想要听从道自身。

观到什么？人们从无可以洞见到奥妙，从有可以分辨出边界。妙是神奇、神秘，是有与无的生成和转化。道正是有与无的生成和转化，因此是妙中之妙。徼是边界，端倪。边界是一个事物的起点和终点。在边界处，一个事物与其他事物相区分并获得自身的规定。有与无之间的边界是所有边界中的最大的边界。此两者（有与无）同出于道，而有不同的名称，但都被称作玄。玄是黑色，暗淡无光，遮蔽自身，同时又显现自身，所以神秘。道自身既显现又遮蔽。它是一切神秘和奥妙之门，也就是有与无生成变化之门。门是事物开端和终结之处。它给人敞开了一条通道，不是人随便能打开和关闭的。人倒是要循此门或进或出。

四、语言：道和名

在汉语中，道至少具有两重语义。其一是道路，其二是言说。老子文本中道也有两重语义。其一是作为天、地、人本源的道，其二是人们的言说，也就是名。

老子的道虽然具有大道和语言两种语义，但两者不是同一的，而是分离的。大道不是语言，语言不是大道。

常道本身是作为无的有，因此是不可言说的。常道也是常名，因此是不可名的。反过来讲，语言是不可言说常道自身的。这就是说，名不可名常名。

尽管如此，人们还是要言说那不可言说的大道。但这如何可能？一方面人要借助语言；另一方面人又要拒绝、放弃语言。人之所以要借助语言，是因为不可言说的道并非沉默不语，而是隐藏在已言说的话语之中。不可言说的道在已言说中显示自己，或者是暗示自己。人之所以要拒绝语言，是因为语言已言说的指向那不可言说的。语言只是通往道本身的工具。一旦体悟到那不可言说的道时，人们就可以放弃语言的言说了。

在道与语言的关系上，我们可以看到老子思想中最朦胧的地方。当道不可言说时，道只是自然之道和天地之道；但当老子言说那不可言说的道时，道就成为了语言，道就开始自身言说。于是，自然之道和天地之道就转变成为语言之道。事实上，只有当自然之道和天地之道显示为语言之道时，道才能成为智慧的形态。这样，道就不是遮蔽于天地，而是显示于语言。事实上，道不是其他东西，而就是真理自身的言说。但老子并没有指明这一关键点。

在区分不可言说的常道和可言说的非常道中，老子还隐含地区分了道与无道。不可言说的道是道，而可言说的道是无道。与此相应，老子也隐含地区分了有道之人和无道之人。

道与无道的区分可以说是贯穿了老子文本的一条红线，它或隐或显地存在于《道德经》八十一章中。老子就是要显示大道，揭示无道，也就是去妄求真。把握了道与无道的对立，也就把握了理解《道德经》秘密的钥匙。

第二章

天下皆知美之为美，斯恶已；皆知善之为善，斯不善已。

有无相生，难易相成，长短相形，高下相盈，音声相和，前后相随，恒也。

是以圣人处无为之事，行不言之教；万物作而弗始，生而弗有，为而弗恃，功成而弗居。夫唯弗居，是以不去。

译 文

如果天下之人都知道美作为美的话，那么丑的意识就产生了；如果人都知道善作为善的话，那么恶的意识就产生了。

有和无相互产生，难和易相互生成，长和短相互构形，高和下相互生长，音与声相互应和，前与后相互跟随。这是永远存在的。

因此圣人处理无为的事情，实行不言的教化；让万物兴起而自己不为始端，让万物生成而自己不加占有，作为万物但不依赖它们，成就事业但不占居功劳。正是因为圣人不占居功劳，所以他的功劳是不会消失了。

解 析

一、天下。天下的本意是苍天之下，大地之上。但天下有多种意义。第一，它指天下万物，是自然界。第二，它指天下人民，是老百姓。第三，它指天下江山，是国家政权。但这里指天下人民。

二、思维的矛盾。人的思维具有矛盾性。人们有关于美与恶的意识、善与不善的意识。在这样的对立关联中，只要人想到其中的一方，就必然会想到其中的另一方。这是因为它们之间的任何一方都将对方设定为自己的前提。

三、存在的矛盾。这里的矛盾不是思想的矛盾，而是现实的矛盾。但它们不是道的矛盾，而是物的矛盾。有无、难易、长短、高下、音声、前后等是一系列物的对立的现象。它们不是人的思想的设定，而是现实的呈现。它们在相互区分中获得自身的规定。有有，就有无；有难，就有易；有长，就有短；有高，就有下；有音，就有声；有前，就有后；如此等等。它们虽然相互对立，但也相互依赖。没有一方就没有另一方，有了一方才有另一方。这种矛盾现象是普遍而且是永远存在的。

四、圣人的原则。圣人虽然是人，但他是一个特别的人。他位于天地与一般人之间。圣人这一汉字字源学的意义表明，圣人是一听和说之王。这也就是说，他听从天地自然之道，然后传达给一般大众。在这样的意义上，圣人是一特别的言说者。他传道、预言和规劝。

面对思想和存在的矛盾，圣人如何作为呢？他要根据天地自然之道克服思想和存在的矛盾。道自身的矛盾是有与无的矛盾，但有与无又是同一的。因此，道的矛盾不同于万物的矛盾。这就是说，道自身是没有纷争的。圣人用道指导自己的言行，并指导自己和万物的关系。

道的本性是自然无为，根据道的本性，圣人也自然无为。这可表达成

论老子

"为而无为"。为是作为，但它是为道，任自然。无为是无妄为，无为非道，无反自然。一方面，圣人有所作为，是肯定性的。他要处事，他要行教；另一方面，圣人无为，去掉妄为，是否定性的。他处无为之事，行不言之教。同时，圣人在与万物的关系上实行自然无为之道。一方面，他让万物自身按自身的本性成长；另一方面，他不让自己去主宰、支配和占有万物，无欲无技。圣人由此就避免了由矛盾所产生的纷争。

第三章

不尚贤，使民不争；不贵难得之货，使民不为盗；不见可欲，使民心不乱。

是以圣人之治，虚其心，实其腹，弱其志，强其骨。常使民无知无欲。使夫智者不敢为也。为无为，则无不治。

译 文

如果人们不崇尚贤能的话，那么就会使民众不争夺功名；如果人们不珍贵难得的财货的话，那么就会使民众不去盗取财物；如果人们不显耀可欲的事情的话，那么就会使民众的心不致乱生欲望。

因此圣人治理天下的方略为：虚化民众的心灵，充实民众的肚腹，弱化民众的心志，强化民众的骨骼。圣人常使民众没有狡知，没有贪欲。圣人使那些所谓的智者不敢妄为。如果人们作为自然无为的话，那么天下之事没有不能治理的。

论老子

解　析

一、治者与民众。本章贯穿了一个基本的政治关系，即治者和民众、圣人和民众之间的关系。但他们之间的关系不是平等的，而是差异的。治者、被治者是上下级关系。前者是支配者，后者是被支配者。因此，前者的言行规定了后者。

唐·颜真卿《道》（书法）

二、圣人之治。圣人是治者，民众是被治者，治是治理。因为圣人引导了民众，所以如果圣人不崇尚一些世俗的名利的话，那么民众也就不会追求这些东西。但是在现实世界中，人们首先和大多崇尚名利，并由此导致纷争。因此，圣人就必须对于现实进行否定。这就是为什么老子文本中出现很多不和无的原因。不和无是否定性的语词。圣人之不就是要消除人的欲望和技术，并由此达到大道之无。

三、身与心。老子区分了人的身与心，亦即肉体与精神。这是对于人的整体一般性的区分。心与腹、志与骨虽然都是人的身心整体的一部分，但存在根本的差异。它们之间实际上是人为和自然的分别，亦即人为的和自然的欲望的分别。自然的欲望是身体性的，如腹和骨等。它是一种生理现象，合于自然本性，是自然而然的。这样，实其腹、强其骨便是沿道而行。相反，人为的欲望在根本上由人作为而出，是人的心和志的产物。这里的心和志主要被理解为违背自然和反对自然，亦即背道而驰。在此意义上，人必须虚其心，弱其志。但这种区分只是具有有限的意义。事实上，人的肉体也有违反自然之道的，人的心灵也有遵循自然之道的。因此，关键在于人的身心自身是否合于自然之道。

四、无为而治。为是人的活动；无为是否定人的活动，尤其是否定人的妄为，因此是自然的活动；为无为则是指人要作自然之为，亦即人的活动要如同自然的活动一样。圣人治理天下就是无为而治。有为或者妄为而治只会乱天下，而无为而治才能平天下。圣人让民众无知无欲，就是去掉贪欲和奇技。圣人使智者不敢为，就是使他不敢妄为，不敢胡作非为。当人们遵道而行时，天下则无所不治了。

第 四 章

道冲，而用之或不盈。渊兮，似万物之宗；（挫其锐，解其纷，和其光，同其尘。）湛兮，似或存。吾不知谁之子，象帝之先。

译 文

道自身是虚空的，但其作用却没有穷尽。它深渊无底啊，仿佛是万物的宗主；（锉掉锋芒，消解纷争，掩盖光芒，混同尘世，）它幽深无边啊，似无又似有。我不知道它是何物的后代，它似乎存在于天帝的先前。

解 析

一、道。老子在此对道的描述分为空间性和时间性两个方面。在空间上，道是空虚的、无底的、无边的。因为道本身是空虚的，所以它是无底无边的。如果说道自身有一个底和边的话，那么道自身就是底，就是边。它没有其他事物作为自己的底和边。在时间上，人们不知道道是何物之后，似在天帝之前。这实际上否定了上帝或者精神作为天地的开端，而确定了道就是天地的开端。道没有在前之物作为自己的开端，而是自己作为后来之物的开端。

二、有与无。道自身似乎是有，又似乎是无。这既否定了将道作为绝对的有，也否定了将道作为绝对的无。道是有和无的统一。道既是有，也是无；同时，道既非有，也非无。道的有无本性也意味着道既显现又遮蔽。

三、道的描述。老子对于道本身的言说不是定义，而是描述。定义是对于一种事物的本质特征或一个概念的内涵和外延所做的确切表述。一般定义的方式是"种差＋属"，即把某一概念包含在它的属概念中，并揭示它与同一个属概念下其他种概念之间的差别。但道自身是最高的，它不能归于某一个属，因此它是不可定义的。老子对道的言说采用了描述。描述就是描写一个事情。它把事情的一般本性揭示出来，显示出来。老子关于道的描写没有使用人工语言，而是使用了自然语言。这些自然语言的形象是天地间自然呈现的事物。因为这些事物是感性的、形象的，所以自然语言也成了形象语言。

天地不仁，以万物为刍狗；圣人不仁，以百姓为刍狗。

天地之间，其犹橐龠乎？虚而不屈，动而愈出。

多言数穷，不如守中。

译　文

天地无仁爱之心，把万物当成草扎的狗子，任其生灭；圣人无仁爱之心，把百姓当成草扎的狗子，任其生死。

天地之间，难道不像一个风箱吗？它空虚但不会穷尽，发动而更生出。

人们多言反倒加速了失败，不如人们恪守中心。

解　析

一、不仁。仁是爱。爱是某物对于某物的爱。不仁则是不爱，不爱是某物对于某物的不爱。仁与不仁就是爱与不爱。拟人说认为，正如人有仁与不仁一样，天地也有仁与不仁。但老子认为，天地和圣人既非仁，也非不仁，而是超出了仁与不仁的对立。天地和圣人不仅反对一般意义的不仁，而且也反对一般意义的仁。这种超出了一般的仁与不仁的行为是大仁。天地是自然而然的，圣人也是自然而然的。作为如此，天地让万物自生自灭，圣人让百姓自在自为。万物和百姓也自然而然，既不是某物的工具、手段，也不是某物的目的。

《老子像》（石雕），福建泉州

二、空虚。天地之间虽然是空虚的，但又是存在的。其存在性表现为生成。生成既不同于僵硬的自身同一，也不同于一般从某物到某物的变化。天地的生成既生成自身，也生成万物，且生生不息。这在于天地的空虚克服了有限性的存在，而形成了无限性的存在。因此，天地的生成不是有限的，而是无限的。

三、多言。言是人的行为，多言就是妄为。它违反了自然之道，因此就会灭亡。只有去掉妄为，达到无为，人们才能长久。

第 六 章

谷神不死，是谓玄牝。

玄牝之门，是谓天地根。

绵绵若存，用之不勤。

译　文

空谷是神奇的和永存的，它就是神秘的母体。

神秘的母体之门，它就是天地的根源。

它绵绵不绝，若无若有，其作用没有穷尽。

解　析

一、空谷。老子把道本身比喻成谷。谷是山谷，处于两山之间。山体是实的，山谷是空的。空谷能无中生有，故是神奇的；它生生不息，故是不死和永远存在的。

二、玄牝。老子认为道如同空谷，而空谷又如同玄牝，也就是一个神

18

秘的母性生殖器。为什么道不是如同一个雄性生殖器，而是如同一个母性生殖器？这在于不是雄性生殖器而是母性生殖器，和空谷具有类似性。同时，雄性生殖器和生育只有间接关系，而母性生殖器和生育具有直接关系。子不是由父而是由母生育出来的。如果把道说成是玄牝的话，那么就可以说道是天地万物的根源。道与万物之间的关系仿佛是母子关系，道生育了天地万物。道的生育既不同于神的创造，也不同于人的生产。神创造世界之后，神是神，世界是世界，他们彼此分离。人生产物品是对于物的改造和赋形。道生万物之后，它不是远离万物，而是贯通万物。

三、不勤。不勤就是无限。无限是对于有限的克服，即没有有限。道的生育功能是无限的。它生而又生，无穷无尽。

四、道的比喻。道是无，是不可见和不可言说的。山谷和玄牝是有，是可见和可言说的。老子用山谷和玄牝来描述道，就使不可见的变成可见的，使不可言说的变成可言说的。

第 七 章

天长地久。天地所以能长且久者，以其不自生，故能长生。

是以圣人后其身而身先；外其身而身存。非以其无私邪？故能成其私。

译　文

天长地久。天地之所以能长久，是因为它不是为了自己的存在，这才导致它能够长存。

因此，圣人把自己放在后面，但反而能被放在前面；把自己置之度外，但反而能被保存自身。这难道不是因为圣人没有个人私心吗？因此这成全了圣人的个人存在。

解　析

一、天地。天地是自然界整体，同时也是道的直接呈现。天地是永远存在的。它之所以永远存在，是因为不为自己存在。所谓天地不为自己存在就是没有私欲，没有为了实现私欲而去争夺和占有它物，反而它能包容万物，让万物生生不息。万物的生生不息正是天地的永远存在。

二、圣人。圣人之所以位尊于天地之间，是因为他不为自己存在。所谓圣人不为自己存在就是没有私欲，没有为了实现私欲而去争夺和占有它物，反而他能与天地万物为一体，视天下民众为自己。圣人引导民众顺道而行，因此，民众推崇圣人。

三、天地和圣人。天地提供规则，圣人遵守规则。这就是说，圣人是顺天地而行，依天地而言。

四、无己和有己。这里存在一个悖论：无自己才有自己。反过来说，有自己便无自己。为何如此？无自己才能有自己。这在于无自己是顺应了自然之道，获得了存在的根源，于是会有自己。有自己便无自己。这在于有自己违反了自然之道，失去了存在的根源，于是便没自己。这里的悖论是有道和无道两种现象的对立。一方是有道，另一方是无道。无自己是无反自然之道的自己；有自己是有合自然之道的自己。

上善若水。水善利万物而不争，处众人之所恶，故几于道。

居善地，心善渊，与善仁，言善信，政善治，事善能，动善时。

夫唯不争，故无尤。

译 文

最高的善的本性如同水一样。水善于利养万物而不和它们争夺，处于人们所厌恶的地方，因此，它的本性是接近于道的。

人们居住要善于选择适宜的地方，思考要善于保持深默的状态，待人要善于秉持仁爱，言说要善于恪守诚信，为政要善于治理，做事要善于用能，行动要善于把握时机。

正是因为人们不去争夺，所以人们没有任何过错。

解 析

一、水。老子用水的特性来比喻道的本性。水的基本特性是不争，也就是自然无为。一方面，水任自然。它给予万物，让其生长；另一方面，水无为，它自己是柔弱的、流向低处的。这正吻合道的特性。

二、善。善在此不是一般意义的善良，而是合于道的行为。道是最高的善。善的根本是自然无为，也就是任自然，不妄为。

三、人的善。人们要学习水如道的特性，并将它贯穿到自己的生活、思想和言说中去，这样才能善思、善言、善行。

居。居是居住。人生存在天地之间，也就是居住在天地之间。人的生存就是居住。人要选择一宜居的地方，也就是一和平安宁之地。

心。心是心灵。心灵要保持虚静、沉默、深沉。

与。与是交往。人与人交往要有仁爱之心。

言。言是言说。人的言说既要忠实事情本身，也要忠实自己的承诺。

政。政是为政。为政要无为而治。

《老子骑青牛图》（缂丝）

23

事。事是做事。做事要发挥自己的能力，并合于事物的本性。

动。动是行动。行动要遵守事物发展的时机。

四、不争。争是妄为，故只能导致灾难；不争是合于自然，故不会有任何过错。

第九章

持而盈之，不如其已。

揣而锐之，不可长保。

金玉满堂，莫之能守。

富贵而骄，自遗其咎。

功遂身退，天之道也！

译　文

人们把持而充盈器皿，但不如适时终止。

人们磨砺刀枪的锋芒，但锐势不可以长保。

人们聚集了满堂的金玉，但无法守藏。

如果人们富贵且骄横的话，那么这就会自己给自己带来灾祸。

如果人们完成了事功然后隐身而去的话，那么这是合于自然之道的。

论老子

解 析

一、盈与锐。这是人们在制造和使用工具时所采取的过度行为。人使容器不断充满，使刀锋不断尖锐。人试图让器物的特性极端化。但一个器物有其存在的边界和限度。一种违反了器物本性的妄为正好会导致器物的毁灭。

二、金玉和富贵。这是人们对于财富的占有和聚集。财富能满足人的欲望。人自身拥有的财富能满足自身的欲望，但也能激发他人拥有这一财富以满足其自身的欲望。这就会导致纷争，并可能出现财富的剥夺与被剥夺。因此，人们不仅无法始终占有财富，而且会引来杀身之祸。

三、功成身退。人从欲望出发，制造工具。人有无限的欲望，并有无限的手段。人之道就是这样一个无限欲望和手段的道路。但当一个事情发展到达其极限时，它便会达到自身的终结。当人所从事的事情达到其极限时，他便会衰败。与人之道相对，天之道不固守于事物的极端。当人遵循天之道时，他就会功成身退。这就是说，人让事物保持自身的存在，而让自己去掉对于物的欲望，并放弃支配物的手段。

第 十 章

载营魄抱一，能无离乎？

专气致柔，能如婴儿乎？

涤除玄鉴，能无疵乎？

爱民治国，能无为乎？

天门开阖，能为雌乎？

明白四达，能无知乎？

（生之畜之，生而不有，为而不恃，长而不宰，是谓玄德。）

译 文

人们将身心统合抱道，能不分离吗？

人们集聚生命之气并达到柔和，能如同婴儿一样吗？

人们清洗心灵神秘的镜子，能没有任何瑕疵吗？

人们热爱民众治理国家，能无为而为吗？

人们用天生的感官去感知，能为雌守静吗？

人们明白四方万物，能不用知巧吗？

（人们生育万物，养育万物。人们生养万物但不占有它们，作为万物

27

河南鹿邑老子文化广场

但不依赖它们，引导万物但不主宰它们。这就是神秘的德。）

解　析

一、修己。本章主要说明人如何修炼自己，达到与道合一。这包括了许多方面：人与自身、人与社会、人与万物等。这是一个从内到外、由近到远的过程。

二、人与自身。人是精、气、神的统一体。修己就是要练身、练气、练心。但在现实生活中，人的身心都遇到了障碍和遮蔽。因此，修己就要求人去除身、气、心的各种障碍和遮蔽，达到其纯净本性。针对现实中人的身心分离，人修己就要身心合一；针对现实中人的气散气强，人修己就要气聚气柔；针对现实中人的心灵污染，人修己就要洗涤心灵。只有当人实现身心合一、心气合一，心道合一，人才能成为一个有道的人。

三、人与社会。人生活在社会之中，人必然和他人建立各种关系。对于社会，人要无爱而爱，无治而治。让民众自在生存，让国家自在发展。

四、人与万物。人既生活在社会之中，也生活在天地之中，人作为一个特别的存在物和其他的存在物发生关联。但人要消除各种偏见或先见，以虚静的心灵体察万物并知晓其真理。

五、无为。人的修炼主要是通过无为，也就是否定。为什么它需要否定？这是因为人首先生活在无道和非道之中。只有通过否定无道和非道，人才能达到道。只有为无为，才能任自然。

六、玄德。玄德是神秘的德性。它在人身上就是神秘的人性。玄德意味着：在人与道的关系上，一方面，人要顺道而为；另一方面，不要违道妄为。在人与物的关系上，一方面，人要让万物生长；另一方面，要让自己隐身而去。

第 十 一 章

三十辐，共一毂，当其无，有车之用。

埏埴以为器，当其无，有器之用。

凿户牖以为室，当其无，有室之用。

故有之以为利，无之以为用。

译 文

人们把三十根条辐聚集到一个车毂，做成了车轮，正是有了轮中空无的地方，才有了车的作用。

人们糅合陶土做成器皿，正是有了器皿中空无的地方，才有了器皿的作用。

人们开凿门窗建造房子，正是有了房子中空无的地方，才有了房子的作用。

因此，有给事物提供了实利，无给事物发挥了作用。

解　析

一、有与无。本章通过描述人制造车轮、陶器和房子来说明有和无的关系。但这里的有无不是道的有无，而是万物的有无。按一般的说法，它们不是形而上的有无，而是形而下的有无。有指实体，无指空无。

二、日常观念的有无。日常观点认为，有是有用的，无是没用的。有具有肯定性的意义，无具有否定性的意义。因此，人们只知道有，而不知道无。

三、老子观念的有无。有和无的关系在此表明：一方面，没有有，就没有无，有形成了无；另一方面，有提供了一个有利的实体，而无才发挥了真正的作用。老子认为，不仅要重视有，而且要重视无。正如老子所列举的事例，轮子的空无使轮子可以运行；器皿的空无使器皿可以盛物；房子的空无使房子可以居住。

四、个别和一般。老了在此对了有和无的区别及其意义作出了判断。其判断的方法不是演绎而是归纳。他首先列举了个别例子的有与无，也就是轮子、器皿和房子的有与无，然后说明一般的有与无。其结论为：有给事物提供了实利，无给事物发挥了作用。

第十二章

　　五色令人目盲；五音令人耳聋；五味令人口爽；驰骋畋猎，令人心发狂；难得之货，令人行妨。

　　是以圣人为腹不为目，故去彼取此。

译　文

　　过度的五色使人的眼睛变盲；过度的五音使人的耳朵变聋；过度的五味使人的味觉变差；驰骋畋猎使人的心灵发狂；珍贵的财物使人的行为违规。

　　因此，圣人只满足腹欲（自然的欲望），而不追求目欲（过度的欲望）。故人们要去掉过度的欲望，保持自然的欲望。

解　析

　　一、人与物。老子描述了人的感觉、心灵、行为和它们相关物的关系。这大体可以说成是人与物的关系。在对于人与物的描述中，老子采用

明万历《道德真源》（书法刻石），河南鹿邑明道宫景区老君台

明万历《犹龙遗迹》（书法刻石），河南鹿邑明道宫景区老君台

了五行的范式，五色（青、赤、黄、白、黑）、五味（酸、苦、甘、辛、咸）、五音（角、徵、宫、商、羽）。虽然如此，但老子并没有将五行（金木水火土）作为一个普遍的范式贯穿到《道德经》的整个文本中。

二、欲与所欲。这里的人与物的关系是一种什么样的关系？它们并非是其他关系，而是被欲望所规定的关系。在此关系中，人是欲望者，物是欲望物。欲望者具体表现为五官的目、耳和口，欲望物则是五色、五音和五味。一方面，人要消费物；另一方面，物要激起人的消费。

三、贪欲。贪欲并非一般的欲望，而是过多的欲望。在过多的欲望的刺激和满足中，人的行为就成为了超出自然边界的妄为。但所欲望之物不仅不能有益于欲望者，反而损害、危害了欲望者。人们身心受损：眼睛变盲，耳朵变聋，味觉变差，心灵发狂，行为违规。

四、腹欲和目欲。圣人要给欲望划界。欲望有其边界。腹欲是合于自然的欲望，目欲是不合于自然的欲望。人们要满足合乎自然的欲望，去掉不合乎自然的欲望。

宠辱若惊，贵大患若身。

何谓宠辱若惊？宠为下，得之若惊，失之若惊，是谓宠辱若惊。

何谓贵大患若身？吾所以有大患者，为吾有身，及吾无身，吾有何患？

故贵以身为天下，若可寄天下；爱以身为天下，若可托天下。

译 文

人们在得宠和受辱时都会感到惊慌，人们要重视身体如同重视大患一样。

什么叫人们在得宠和受辱时都会感到惊慌？得宠不是上等的，而是下等的。而且人得宠感到惊慌，失宠感到惊慌，也就是受辱感到惊慌，这就是人得宠和受辱时都会感到惊慌。

什么叫人们要重视身体如同重视大患一样？我们之所以有大患，是因为我们有身体，如果我们没有身体的话，那么我们还会有什么大患呢？

因此如果人们能够如同珍爱身体一样去治理天下的话，那么我们才能够将天下寄托给他；如果人们能够如同爱惜身体一样去治理天下的话，那么我们才能够将天下托付给他。

解 析

一、宠辱。宠辱属于感觉。宠是得到了他人的肯定,辱是得到了他人的否定。一般人希望受宠,拒绝受辱。但它们并没有高下之分。为什么?人们得宠是得到他人的宠爱;人们受辱是受到他人的侮辱。这两种感觉貌似对立,但在根本上却相同,它们都不是主动性的感觉,而是受动性的感觉。在这种感觉中,人们没有自己规定自己,而是被他人所规定。因此人们得宠受辱并不是一种合乎道的感觉。一种合乎道的感觉不是宠辱若惊,而是宠辱不惊。唯有宠辱不惊之人才能自己规定自己,而不被他人所规定。

二、为何受宠、受辱。鉴于宠辱是感觉,老子考虑了感觉何以可能。人之所以有各种感觉,因为人有感官。但人的感官是身体的感官。因此,宠辱感觉的形成归根到底是源于人的身体这一已给予的事实。虽然如此,但是宠辱若惊会大喜大悲,只能损害人的身体。这就要求人们宠辱不惊,不喜不悲。唯有如此,人们才能保持身心安宁,才能贵身。

三、贵身。人之所以有大患,是因为人有身体。但大患会损害人的身体,甚至会导致身体的死亡。因此人要珍视身体,使之不出现大患。不仅如此,而且人要把身体本身看成大患一样,时刻对它保持警惕。这就要求人们不要轻身,而要贵身。一个贵身的人会看轻身外之物,如名利等,也就会宠辱不惊。身体是天生的,是人自身的自然,珍视身体就是尊重自然,亦即尊重道。

四、天下。本章的天下指政权。一个珍视天下如同珍视身体的人也就是一个尊重道的人。唯有这样的人才能治理天下。

第十四章

视之不见，名曰夷；听之不闻，名曰希；搏之不得，名曰微。此三者不可致诘，故混而为一。

其上不皦，其下不昧。绳绳兮不可名，复归于无物。是谓无状之状，无物之象，是谓惚恍。迎之不见其首，随之不见其后。

执古之道，以御今之有。能知古始，是谓道纪。

译　文

那眼睛去看而看不到的，就叫着夷；那耳朵去听而听不到的，就叫着希；那手去摸而摸不着的，就叫着微。这三种情况是无法追究的，因此是混合为一的。

它上面不是光明的，它下面不是幽暗的。它绵延不绝，不可命名，复归于无物的本源状态。这就是没有形状的形状，没有物体的形象，这就是惚恍。如果迎接它的话，那么人们看不到它的前面；如果跟随它的话，那么人们看不到它的后面。

如果执有古老的道的话，那么人们就能够驾驭当今的万物。人们能够去知道古老的开端，这就是道的纲纪。

解　析

一、道的感觉。夷是无色，希是无音，微是无形。道正是无色、无音和无形。这里指明道不可视，不可听，不可搏。这就是说，道是不可感觉的。

二、道本身。老子按照一般物的存在特性揭示道在上、下、前、后四方的空间性。第一，它上面不是光明的；第二，它下面不是幽暗的；第三，人们看不到它的前面；第四，人们看不到它的后面。通过上、下、前、后的描述，老子指出道没有一般物的存在的空间性。道不是一个物，甚至就是无。道之所以不可感觉，正是因为道本身不是一个物，不是一个可感觉的东西。

三、人与道。人之所以要用道规定人和万物的存在，是因为道是人和万物的根本。用道规定人和万物的存在，就是让人和万物依道而行。

第 十 五 章

古之善为道者，微妙玄通，深不可识。夫唯不可识，故强为之容：

豫兮若冬涉川；

犹兮若畏四邻；

俨兮其若客；

涣兮其若凌释；

敦兮其若朴；

旷兮其若谷；

浑兮其若浊；

（澹兮其若海；

飘兮若无止。）

孰能浊以静之徐清；孰能安以动之徐生。

保此道者，不欲盈。夫唯不盈，故能弊而新成。

译 文

古代善于为道的人是微妙的、幽通天道的，深不可识。正是因为他不可识，所以我们勉强来描述他的形象：

他谨慎啊，如同冬天里过河；

他警惕啊，如同畏惧四周的人们；

他严肃啊，如同作为宾客；

他释怀啊，如同冰雪融化；

他敦厚啊，如同未经雕饰的木材；

他旷达啊，如同山中的峡谷；

他浑厚啊，如同浑浊的水；

（他沉静啊，如同深邃的大海；

他飘逸啊，如同没有止境。）

谁能通过宁静使浑浊慢慢变得清明；谁能通过活动使安宁慢慢变得生成？

保持这些道的人不会满足。正是因为不会满足，所以他能够去旧成新。

解　析

一、难识为道者。老子强调描述为道者的特性是困难的。为道者之所以难认识，是因为道是微妙的、幽深的。

二、强言为道者。尽管为道者难以描述，但人还要描述他。一方面，用正面表达，为道者如同什么；另一方面，用反面表达，为道者不如同什么。老子用了很多形容词来说明为道者，而这些词描述了自然和生活中的形象。借助于这些形象，老子使为道者的神秘特性更加直观化。

三、为道者。老子描述了为道者的许多特性。但这些可以分为两个方面：一方面是否定性的；另一方面是肯定性的。否定性的如：他谨慎啊，如同冬天里过河。这是因为人冬天里掉进河里容易冻死和淹死。他警惕

河南鹿邑明道宫景区老君台

啊，如同畏惧四周的人们。这是因为邻人是利益相关者，容易导致纷争和仇恨。他严肃啊，如同作为宾客。这是因为客人要遵守主人的规矩。肯定性的如：他释怀啊，如同冰雪融化。这说明他自由解放。他敦厚啊，如同未经雕饰的木材。这说明他纯真天然。他旷达啊，如同山中的峡谷。这说明他心灵空阔。他浑厚啊，如同浑浊的水。这说明他本真自然。

四、天道。老子区分了两种存在的情形：浊与清、安与生。浊是浑浊，清是清明，安是安宁，生是生发。人们如何由浊到清？如何由安到生？这需要通过一推动者：静与动。静是宁静，动是激动。静使浊变清。这在于浑浊之水是动荡的，但当动荡之水宁静时，它便变得清明了。动使安变生。这在于安宁的状态是停滞的，但当停滞的状态激动时，它便能够生发了。其实，静和动就是道自身。道是有无的同一，道无为而无不为。

这就是说，道既是静，也是动。不仅如此，道是静当中的最静者，它超过了天地间的一切静者；道也是动当中的最动者，它超过了天地间的一切动者。道是静与动的同一。动极生静；静极生动。如此循环往复，生生不已。但唯有一个合乎道本身的人才能做到静极与动极，从而使浊变清，使安变生。

第十六章

致虚极，守静笃。

万物并作，吾以观复。

夫物芸芸，各复归其根。归根曰静，静曰复命。复命曰常，知常曰明。不知常，妄作凶。

知常容，容乃公，公乃全，全乃天，天乃道，道乃久，没身不殆。

译　文

人们达到虚无要走向极致，恪守宁静要完全笃实。

万物一起生成，我在虚静中看到了它们的复归。

万物纷呈，但都回归到它们的根本。回归根本就是宁静，宁静就是回归本命。回归本命就是恒常。知道恒常就是明白。不知道恒常，就会妄作，就会带来灾难。

如果人知道恒常的话，那么他就会包容万物，包容就会大公，大公就会周全，周全就是天然，天然就是大道，大道就会永久，于是，人终身没有危殆。

解 析

一、致虚守静。虚与实相对，是空，是无。静与躁相对，是安，是宁。致虚守静是使心灵达到虚静。人的心灵之所以要虚静，是因为心灵的本性就是虚静。但在现实中，人的心灵被外物所充满和所激动，并衍生出许多杂念，因此是不虚静的。于是，心灵的本性是被遮蔽的。一个被遮蔽了的心灵既无法看清自身的本性，也无法看清万物的本性。于是，万物的本性也是被遮蔽的。为了呈现心灵自身和万物自身，这就必须让心灵回到自身。致虚守静正是这样的一个过程。但致虚守静必须彻底、极端，也就是一心一意，全心全意，让心灵达到完全的虚静。

二、观复。在人的虚静的心灵中，一方面，人将洞见到万物自身；另一方面，万物也将呈现自身。于是，万物从现象回到了自身的本性。回到自身的本性就是回到根本。根本是基础、根据。归根就是宁静。宁静就是和平、平安。万物回归根本就是居于自身，立于自身。复命是回到了万物的命根。因此复命也就是达到了永恒的道。

三、知常。知常就是知道。人的心灵知道了永恒的道就是明白。这就是说，真正的明白是明道，也就是明白事物的真理。一旦人明道，人就会具有道的特性：包容、大公、周全、天然，并会与道合一，达到永恒。

第 十 七 章

　　太上，不知有之；其次，亲而誉之；其次，畏之；其次，侮之。信不足焉，有不信焉。

　　悠分其贵言。功成事遂，百姓皆谓：我自然。

译　文

　　最高的情形是，民众不知道统治者；其次，民众亲近并赞美统治者；再次，民众畏惧统治者；最后，民众反辱统治者。统治者诚信不足必然导致民众对于他的不信任。

　　圣人是悠然自得的，珍惜其言教。当事情成功完成了，百姓都说："我们本来就是自然而然的。"

解　析

　　一、民众与治者。这具体表现为民众对治者态度的历史性演变。首先是知。这里知刚好是不知其存在。知者为所知者所规定。知者之所以不知，是因为所知者不为所知。其次是誉。这由知演变为一种情感、意志的态度。誉者不同于知者，它要规定被誉者。再次是畏。誉是走向物，畏是远离物。最后是侮。与誉相反，侮要否定、消灭物。侮也是要走向物的。民众态度的转变的根源是治者的作为。治者首先是无为，其次是有为，最后是妄为。

二、信与不信。信是诚信。诚信既是人的言语对于事物本性的忠实，也是对于自己承诺的忠实。不信是不诚信。人的言语既不忠实于事物的本性，也不忠实于自己的承诺。因为统治者是规定和引导被统治者的，所以，统治者的不诚信导致民众的不诚信。

三、圣人和百姓。圣人要贵言。言也是一种行为，贵言就是珍惜言说，也就是不要妄为，而要无为。圣人无为，百姓也因此无为。当百姓合于道的时候，其存在本来就是如此，也就是自然而然。

第十八章

大道废，有仁义；智慧出，有大伪；六亲不和，有孝慈；国家昏乱，有忠臣。

译　文

当大道废除的时候，仁义就产生了；当智慧出现的时候，大伪就开始了；当家族（父子、兄弟、夫妇）争斗的时候，孝慈就被提倡了；当国家昏乱的时候，忠臣就被推崇了。

解　析

一、无道。大道废止了就是无道的流行。它表现为大伪、六亲不和与国家混乱。

二、儒家。为了拯救无道的世界，儒家提出了自己的方案，也就是仁义、智慧、孝慈和忠臣等。

三、道家。老子认为儒家之道只是无道时代的共生物。儒家思想并不

河南鹿邑太清宫景区大门

能结束无道的流行，相反会掩盖它。问题的关键不是弘扬儒家的仁义，而是要回复到道家的大道。

第 十 九 章

绝圣弃智，民利百倍；绝仁弃义，民复孝慈；绝巧弃利，盗贼无有。此三者以为文，不足。故令有所属：见素抱朴，少私寡欲，绝学无忧。

译 文

废弃圣和智，这能使民众获得百倍的利益；废弃仁和义，这能使民众恢复到孝慈的美德；废弃巧和利，这能使盗贼不再产生。圣智、仁义和巧利这三者过于文饰，不足以治天下。因此要使民众有所归属：回复素朴，减少私欲，废弃伪学，无有忧虑。

解 析

一、儒家。儒家和一般世俗的思想是主张圣智、仁义和巧利。但这些主张不能给人民带来利益、孝慈和平安。

二、否定。儒家的基本原则之所以不能使天下太平，是因为它违背了自然。老子主张，只有废弃儒家的基本原则，天下才能达到和平安康。回复道的过程要通过否定。否定不仅要否定一般的欲望和技术，而且也要否定儒家的智慧。只有通过否定，才能达到大道，才能给人民带来利益、孝慈和平安。

三、自然无为。"见素抱朴"就是任自然；"少私寡欲，绝学无忧"就是为无为，去掉欲望和技术。一种遵道而行的生活是没有忧患的，是和平的。

第二十章

唯之与阿，相去几何？善之与恶，相去若何？人之所畏，不可不畏。

荒兮，其未央哉！

众人熙熙，如享太牢，如春登台。

我独泊兮，其未兆；

沌沌兮，如婴儿之未孩；

累累兮，若无所归。

众人皆有余，而我独若遗。我愚人之心也哉！

俗人昭昭，我独昏昏。

俗人察察，我独闷闷。

（澹兮其若海，飘兮若无止。）

众人皆有以，而我独顽且鄙。

我独异于人，而贵食母。

译 文

应答和命令的声音之间有多大差异？善良和丑恶之间有多少不同？人们所畏惧的事情，我也不能不畏惧。

它何等辽阔遥远啊！无穷无尽！

众人高兴，如同享用了丰盛的宴席，也如同登上了春天的高台。

我独自淡泊啊，没有任何显露的迹象；

混沌啊，如同一个尚未嬉笑的婴孩；

疲惫啊，如同没有任何归处。

众人都拥有多余的东西，而我却遗失了一些东西。我真是只有一颗愚人的心灵啊！

俗人光耀，而我昏暗。

俗人精明，而我幽闷。

（他沉静啊，如同深邃的大海；他飘逸啊，如同没有止境。）

众人都有所作为，而我独自愚蠢且鄙陋。

我独自与众人不同，这在于我珍视接受道的指引。

解　析

一、世俗。道与无道的差异在现实中集中表现为我（得道者）与众人（无道者）的差异。但世俗的混沌抹平一切差异，抹平人我差异，是人我简单的一致性。

二、众人与我。众人与我的差异是长远的、浩大的。这主要表现为有为和无为的区别。第一，众人是有欲的，追求满足自己的欲望，并沉溺于其中。众人高兴，如同享用了丰盛的宴席，也如同登上了春天的高台。我则是无欲的，如同一个还不会笑的小孩。第二，众人与我的差异也表现为有技和无技。众人都拥有多余的东西，而我却遗失了一些东西。第三，众人与我的差异还表现为聪明和愚蠢。众人看起来很聪明，处于光明之中；我则看起来很愚蠢，处于黑暗之中。

论老子

　　三、崇道。老子最后指出我与众人差异的原因：我遵从道。这也意味着，他人不遵从道。道就是自然无为。

东汉《孔子见老子图》（画像石），山东

第二十一章

孔德之容，惟道是从。

道之为物，惟恍惟惚。惚兮恍兮，其中有象；恍兮惚兮，其中有物。窈兮冥兮，其中有精；其精甚真，其中有信。

自今及古，其名不去，以阅众甫。吾何以知众甫之状哉？以此。

译　文

大德的动容唯有随从道的变化。

如果说道是一个物的话，那么它是若有若无的。道若有若无啊，但其中却有形象；道若有若无啊，但其中却有实物。道深远而幽暗啊，但其中却有精微；这一精微是非常真实的，也是非常诚信的。

从今天回溯到古代，道的名字是永不消失的，凭借如此，我们可以知道万物的开端。我如何知道万物的开端的状态的呢？正是凭借知道大道。

论老子

解　析

一、道与德。德者，得也。孔德是大德。德是道的实现和完成。德在物身上的实现就成为了物的物性，在人身上的实现就成为了人的人性。因此，德在根本上为道所规定，也就是随从大道的变化。在这样的意义上，道和德可以并用，也可以等同。有德者就是得道者。

二、道本身。道非万物。但人们如果将道作为物来把握的话，那么它也是一个特殊的物。与一般的物不同，道若有若无。它看起来是有，但实际上是无；它看起来是无，但实际上是有。道既是有，也是无。同时，道既非有，也非无。作为如此的道既显现又遮蔽。道在显现自己的同时遮蔽自己，在遮蔽自己的同时显现自己。但道是真实存在的。

三、道与物。道是万物的基础。一旦人们知道了道，就能知道万物的开端。

第二十二章

曲则全，枉则直，洼则盈，敝则新，少则得，多则惑。

是以圣人抱一为天下式。不自见，故明；不自是，故彰；不自伐，故有功；不自矜，故长。

夫唯不争，故天下莫能与之争。古之所谓曲则全者，岂虚言哉！诚全而归之。

译　文

委屈反倒成全，弯曲反倒伸直，低洼反倒充盈，敝旧反倒新生，少有反倒多得，多得反倒迷乱。

因此圣人把这唯一的道作为天下的范式。他不自我表现，因此反倒显明；不自我为对，因此反倒彰显；不自我吹嘘，因此反倒有功；不自我尊大，因此反倒长久。正是因为圣人不与人争斗，所以天下没人能够和他争斗。古人所说的"委屈反倒成全"的话，难道是假话吗？一旦人们真实完全地实现，这就可以达到。

论老子

解　析

一、肯定与否定。"曲"与"全"、"枉"与"直"、"洼"与"盈"、"敝"与"新"、"少"与"得"、"多"与"惑"，这些事物的两端构成了对立面。人们可将一边看成否定性的，将另一边看成肯定性的，或者相反。对立面之间总会形成一定的关系。这种关系是通过"则"建立起来的。"则"是一种转换。事物由否定达到了肯定，或者相反。在此转换过程中，事物不是直接地而是间接地发生变化的。日常观点认为，"曲"就是"曲"，"全"就是"全"。与此不同，老子看出了从"曲"到"全"的转换关系。可以说，日常观点是遮蔽的，而老子的观点是去蔽的。

二、圣人与道。基于上述事物的肯定与否定的关系，圣人构成了与无道的区分并与道合一。作为得道的人，圣人与无道相对立。无道之人是俗人。他们"自见"、"自是"、"自伐"、"自矜"，也就是强调自己。与此相反，圣人否定了俗人的"自我"，强调了无我。正是因为无我，所以圣人能够虚静，接纳天地和道，并与道合一，最后能得到道的力量，而成就自己。这就是说，圣人正是因为为无为，所以才能任自然。

三、争与不争。争是人与人之间的争夺，是为，且是妄为。而不争是对争的否定，是无为。争包括日常意义的争夺与极端情形的战争。争关联于强与弱，最终且关联于成与败。但它又会孕育新的纷争。因此只有消灭了争本身，人们才能克服争夺与反争夺的恶性循环。在这样的意义上，不争胜过了一切争，无为胜过了一切妄为。

第二十三章

希言自然。

故飘风不终朝，骤雨不终日。孰为此者？天地。天地尚不能久，而况于人乎？

故从事于道者，同于道；德者，同于德；失者，同于失。同于道者，道亦乐得之；同于德者，德亦乐得之；同于失者，失亦乐得之。

信不足焉，有不信焉。

译 文

少言是合乎道的自然本性的。

因此狂风刮不了一早晨，暴雨下不了一整天。谁在刮风下雨？正是天地。天地刮风下雨尚不能持久，何况人的行为呢？

因此从事于道的人就等同于道，从事于德的人就等同于德；从事于无道无德的人就等同于无道无德。等同于道的人，道也乐于得到他；等同于德的人，德也乐于得到他；等同于无道无德的人，无道无德也乐于得到他。

统治者诚信不足必然导致民众对他的不信任。

论老子

解　析

一、希言。言是人的一种活动，希言是少言。少言是无为，多言是妄为。前者合乎道，后者违反道。

二、天地与人。老子描述了某些天地气象，说明天地的妄为不能长久。由此老子断言人的一些妄为更不能长久。在此，老子一方面认为天人之间具有某种可比性；另一方面认为天在根本上超过了人。因此人要从天那里获得启示。

三、人与道德。人不是道德本身，但人和道德能够产生互动。一方面，一个从事于道德的人就是一个有道德的人，一个不从事道德的人就是一个无道德的人；另一方面，道德自身也喜爱有道德的人，无道德自身也喜爱无道德的人。这是因为道德自身只是向有道德的人敞开自身，而向无道德的人封闭自身。这就是人和道德之间的相互感应，小即同气相求，同声相应。

第二十四章

　　企者不立；跨者不行；自见者不明；自是者不彰；自伐者无功；自矜者不长。

　　其在道也，曰：余食赘形。物或恶之，故有道者不处。

译　文

　　踮起脚尖的人是无法站稳的；跨起双腿的人是无法行走的；自我表现的人不可能显明；自我为对的人不可能彰显；自我吹嘘的人不可能有功；自我尊大的人不可能长久。

　　从道的视野来看，这些行为都可谓剩食和赘疣。它们是违反事物的本性的。因此，有道的人不会如此地处理事情。

解　析

　　一、企者、跨者。他们怀有强大的个人意志。因为这个意志超出了事物的自然边界，所以它无法实现和完成，反而导致失败。

二、自。"自"就是人自己。人自己处于自身之中，既看不见自己，也看不见外物。这就是自己对自己的蒙蔽。"自见"、"自是"、"自伐"、"自矜"等是个人意志的极度表现。它无非是贪欲和过度的技巧。这是妄为，是违反道的。但妄为只能导致失败。因此，人在凸显自己时刚好否定了自己。

三、有道者。与无道者不同，有道的人亦即圣人要否定这些极端的自我行为。他们要达到无我，自然无为。

第二十五章

有物混成，先天地生。寂兮寥兮，独立而不改，周行而不殆，可以为天地母。吾不知其名，强字之曰道，强为之名曰大。大曰逝，逝曰远，远曰反。

故道大，天大，地大，人亦大。域中有四大，而人居其一焉。

人法地，地法天，天法道，道法自然。

译　文

在天地形成之前，有一物浑然一体就存在了。它没有声音，没有形体，独立自在而不改变，循环运行而不衰亡，能够成为天地万物的本源。我不知道它的名字，勉强称它为道，勉强名它为大。广大就是运行，运行就是去远，去远就是返回。

因此道大，天大，地大，人也大。世界包括了四大，而人就是其中的一大。

人效法地，地效法天，天效法道，道效法自身的本性。

论老子

解 析

一、道自身。道不是一个物。但人们如何把道显现出来？这就不得不将道作为一物予以描述。但道不是一个一般的物，而是一个独特的物。道"混成"。它作为混沌区分于一个明晰的世界。道先于天地阴阳的分离，它自身是寂静的和空虚的。道保持自身的同一性、纯粹性，"不改"、"不殆"是关于同一性、纯粹性的证明。道是天下万物的规定者，是天下万物的根源。这样一个独立物先于人们的思想与语言，需要人们给它命名。但这种关于道的命名不是道自身，而只是一种指引。

二、道的特性。"大—逝—远—反"是关于道的特性的描述。道是大，但最大的大是无。大不仅是在空间意义上的广大，而且也是在运动意义上的流逝。流逝不是逝去，而是流行。流逝流向远方。去远同时意味着走近，也就是返回。

三、四大。四大是老子的天地结构。天地结构也就是世界结构。老子的世界由道、天、地、人构成。中国的世界一般包括了天、地、人三者，如人生天地间所说的。老子在天、地、人之外还加上了道。天、地、人、

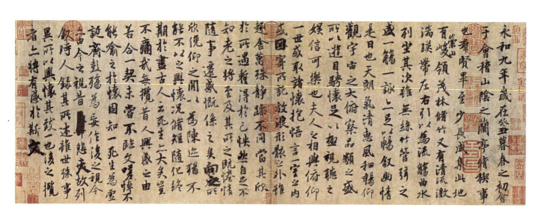

晋·王羲之《兰亭序》（行书书法）

62

道共同构成了世界中的四大。但道不是神。因此，老子和中国的世界不是神的世界，而是道或者是自然的世界。这个世界存在一个等级序列。其中，地高于人，天高于地，道高于天。比起天、地、人，道是等级序列中最高者。这可以说，道是在世界之中其他存在者的根据。道既在天地之先，也在天地之中。

四、道法自然。法是效法、师法。人效法地。这是因为人生活在大地之上。地效法天。这是因为地笼罩在苍天之下。天效法道。这是因为天尊崇道的运行。道效法自然。这是因为道效法自身的本性。在此，自然不是指自然界，而是意味着自己所是的样子，亦即本性、天性。道法自然不是指道效法一个与它不同的自然界，而是意味着道遵循自身所是的样子。道法自然也就是道法自身，走自己的道路。这是因为道自身没有另外的根据，而以自身作为自身的根据。

因为天地法道，所以天地也法自然。这就是说，天根据自己的本性而运行，地根据自己的本性而存在。因为人法大地，所以人也法自然。这也就是说人根据自己的本性而生活。于是，圣人自然无为，百姓也自然无为。

第二十六章

重为轻根，静为躁君。

是以君子终日行不离辎重。虽有荣观，燕处超然。奈何万乘之主，而以身轻天下？

轻则失根，躁则失君。

译 文

沉重是轻盈的根本，宁静是躁动的主宰。

因此圣人虽然终日行走，但不离开其载有装备的车子。虽然过着奢华的生活，但却超然处之。为什么一个强大国家的君主只是因为自身而轻率地搅动天下呢？

轻盈则失去了根本，躁动则失去了主宰。

解 析

一、重和静。老子区分了存在的两种对立特性：重与轻、静与躁。重是沉重，轻是轻盈，静是宁静，躁是躁动。老子认为，沉重是轻盈的根本，宁静是躁动的主宰。这在于沉重和宁静能使事物保持自身的本性，而轻盈和躁动则使事物丧失自身的本性。

二、君子之道。君子遵道而行，自然无为，也就是注重了事物本性的沉重和宁静。他将此原则贯穿到自己的日常生活之中。

三、轻与躁。老子反对君主们背道而驰的行为。他指出，如果人轻盈和躁动的话，那么人就会破坏事物的本性。这是妄为，就会失去道。失道者必然是失败者。

善行无辙迹；善言无瑕谪；善数不用筹策；善闭无关楗而不可开；善结无绳约而不可解。

是以圣人常善救人，故无弃人；常善救物，故无弃物。是谓袭明。

故善人者，不善人之师；不善人者，善人之资。不贵其师，不爱其资，虽智大迷。是谓要妙。

译　文

完美的行走没有痕迹；完美的言说没有毛病；完美的计算不用筹码；完美的关闭虽然没有使用拴梢但不能打开；完美的捆绑虽然没有使用绳索但不能解开。

因此圣人经常善于救人，所以没有遗弃的人；经常善于救物，所以没有遗弃的物。这就是因袭的智慧。

因此善人是不善人的老师；不善人是善人的资助。如果人们不珍惜他的老师，不爱护他的资助的话，那么他虽然具有智慧但也是迷惑的。这就是一个重要的奥妙。

解 析

一、善。这里的善是完美的、合乎道的。因此善在根本上就是自然无为。善后面的中心词，行、言、数、闭、结等，都是人的行为。它们不是自然，但也不是一种一般的人的行为，而是一种特殊的人的行为：技艺。从正面来说，这些行为是完善的技艺；从反面来说，它们是无缺陷的和不借助于工具的技艺。它们是人合乎道的自然无为的操作的过程。

二、诸善。善行是沿路而行，顺道而为，故无痕迹；善言是如实而言，依真而言，故无缺陷；善数是据物而数，故无需算具；善闭是因物特性而闭，故无需关楗；善结是因物特性而结，故无需绳约。

三、圣人之善。圣人有道，自然无为，因此善于救人与救物。人与物背离道，处于危险境地，才需要圣人拯救。圣人拯救人与物，使之合于道。

四、善与不善。善是合于道，不善是反于道。但善和不善可以相互帮助，并且共同走向道本身。因此，善人与不善人是敌人般的朋友。

河南灵宝函谷关（老子著述《道德经》之处）

知其雄，守其雌，为天下溪。为天下溪，常德不离，复归于婴儿。

知其白，守其黑，为天下式。为天下式，常德不忒，复归于无极。

知其荣，守其辱，为天下谷。为天下谷，常德乃足，复归于朴。

朴散则为器，圣人用之，则为官长，故大制不割。

译 文

人知道雄强，但安守于雌弱，作为天下的小溪。正是因为作为天下的小溪，所以人没有离开常德，而复归于婴儿的天真。

人知道光明，但安守于黑暗，作为天下的范式。正是因为作为天下的范式，所以人没有错失常德，而复归于无极的原初。

人知道光荣，但安守于耻辱，作为天下的山谷。正是因为作为天下的山谷，所以人充满了常德，而复归于淳朴的自然。

淳朴的自然分散之后则成为了器物，圣人采用淳朴的自然，则成为了众官的首长，因此伟大的治理是不可分割的。

解 析

一、知。知是知道。知道什么？知道雄、白、荣。雄是雄性，白是光明，荣是荣耀。它们是阳性，是肯定性。

二、守。守是实践。实践什么？实践雌、黑、辱。雌是雌性，黑是黑暗，辱是耻辱。它们是阴性，是否定性。

三、知和守。人知道雄、白、荣，却要安守雌、黑、辱。事实上，人们既知雄、白、荣，也知雌、黑、辱。但人们要弃守雄、白、荣，坚守雌、黑、辱。这是因为雌胜雄，无为胜有为；黑胜白，光明生于黑暗；辱胜荣，光荣源于耻辱。当人们守雄、白、荣的时候，他是在妄为；当人们守雌、黑、辱的时候，他是在无为。只有为无为，才能任自然，才能合于道。

四、为。为是成为。成为什么？成为天下的溪、谷、式。溪是水溪，谷是山谷，式是范式。这三者是隐喻，与黑、雌、辱相关，是道的自然象征。溪、谷、式意味着接受、包容、化生。

五、常德。常德是平常和永恒之德，就是道。常德不离，也就是常德永在。但在现实世界中，人们首先和大多是背离常德，也就是背离道。因此，人一般处于无道和非道之中。

六、复归。复归是事物在远离了其原初之后而返回其原初。因此，返回之地就是其出发之地。人们保持了常德，亦即从无道、非道回到道本身，也就是回归到婴儿、无极、朴。婴儿是人之初始，是天真浪漫之人；无极是物是开端，是基础和本源；朴是木的原初，是本性和天然。

七、朴和器。朴是自然之物，器是人工之物。圣人行道，要反璞归真，也就是自然无为。

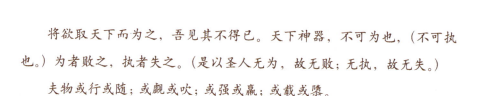

第二十九章

　　将欲取天下而为之，吾见其不得已。天下神器，不可为也，（不可执也。）为者败之，执者失之。（是以圣人无为，故无败；无执，故无失。）

　　夫物或行或随；或觑或吹；或强或羸；或载或隳。

　　是以圣人去甚，去奢，去泰。

译　文

　　有人试图为获取天下而去努力作为，我看他是无法成功的。天下的事物是神圣的东西，人们不能对它妄为，（也不能对它执取。）那些妄为的人一定会失败，那些执取的人必定失去。（因此圣人不妄为，故不失败；不执取，故不失去。）

　　万物有的前行，有的后随；有的嘘热，有的吹冷；有的强大，有的羸弱；有的安定，有的危险。

　　因此圣人去掉过度，去掉奢华，去掉极端。

解　析

一、为。为是人的活动。但妄为违反了道，一定会失败。因此，人不可妄为。人真正的为是不妄为，也就是无为。

二、物。天下事物各异，呈多元格局。老子对于事物进行了两重区分：肯定性的和否定性的。

三、人。老子对人也进行了区分。无道的人妄为，行为甚、奢、泰，违反自然；有道的人亦即圣人无为，行为去甚、去奢、去泰，去掉妄为，合乎自然。

以道佐人主者，不以兵强天下。其事好还。师之所处，荆棘生焉；大军之后，必有凶年。

善有果而已，不敢以取强。果而勿矜，果而勿伐，果而勿骄，果而不得已，果而勿强。

物壮则老，是谓不道，不道早已。

译　文

那试图用道来辅佐君主的人，不会用武力来征服天下。武力这件事是容易得到回报的。军队所到的地方就生满了荆棘；战争之后必然发生荒年。

人们用兵达到目的就行了，不敢用武力来逞强。人们达到目的之后不要矜持，达到目的之后不要夸耀，达到目的之后不要骄傲，达到目的只是无法避免，达到目的不是依靠强取。

事物发展到强大之后就会变得衰败，这是违反道的，凡是违反道的事物很快就会衰亡。

解　析

一、道和战争。从道出发，老子在根本上否定战争。这是因为战争在本性上是反道的，是妄为，甚至可以说是妄为的极端形态之一。战争属于政治。政治是对存在者整体的参与进行分割划界。战争作为政治手段主要也是争夺土地、财产、人口等利益。但战争和一般的争夺不同，它使用暴力。这将带来人和物的毁灭，也就是带来灾难。

二、现实和战争。但从现实出发，人们也无法绝对杜绝战争。当受到他人战争侵略的时候，人们就必须用战争来反抗和守卫。在战争无法全面禁止的情况下，老子认为战争应最小限度地进行，也就是达到其基本目的就行了，而不可夸耀。这表明，人也要以无为来处理战争这种极端的妄为活动。当战争达到了和平，妄为也就成为了无为。

三、不道。物的发展有一个过程，从开端经强盛到终结就会灭亡。老子强调事物始终要保持其开端，这样就不会终结。逆道者亡，顺道者昌。

夫兵者，不祥之器，物或恶之，故有道者不处。

君子居则贵左，用兵则贵右。兵者不祥之器，非君子之器，不得已而用之，恬淡为上。胜而不美，而美之者，是乐杀人。夫乐杀人者，则不可得志于天下矣。

吉事尚左，凶事尚右。偏将军居左，上将军居右，言以丧礼处之。杀人之众，以悲哀泣之，战胜，以丧礼处之。

译 文

兵器是不吉祥的器物，人们都厌恶它，因此有道的人不使用它。

君子平常的时候以左边为贵，用兵的时候以右边为贵。兵器是不吉祥的器物，不是君子该用的器物。当君子万不得已使用兵器的时候，他最好要恬淡为之。人们虽然胜利了，但也不要赞美战争。如果人赞美战争的话，那么他是乐于杀人。乐于杀人的人不可能在天下实现自己的意愿。

吉庆的事情以左方为贵，凶丧的事情以右方为贵。偏将军居于左边，上将军居于右边，这就是说用丧礼仪式来处置战争。人们杀了很多人，要怀着悲哀的心情来参加；人们获得了战争的胜利，要用丧礼的仪式来处置。

解　析

一、兵。兵是武器，是杀人之器，也就是不祥之器。因此有道的人是不使用兵器的。

二、用兵。用兵是战争。但战争是争，是妄为的极端和暴力形态，因此它是非道的。既然战争是非道的，那么人们就不能赞美战争。如果赞美战争的话，那么人们就是主张杀人，主张妄为。但妄为一定会带来失败。

三、丧礼。在一个道与非道并存的世界里，战争是不可避免的。在这种情况下，人们也不能把战争当成吉事而是当成丧事处置。

第 三 十 二 章

道常无名，朴。虽小，天下莫能臣。侯王若能守之，万物将自宾。

天地相合，以降甘露，民莫之令而自均。

始制有名，名亦既有，夫亦将知止，知止可以不殆。

譬道之在天下，犹川谷之于江海。

译 文

道永远是没有名字的，如同没有雕琢的木材。它虽然微小，但天下无物能够臣服它。如果侯王能够拥有道的话，那么天下万物将会自动地服从他。

天地之气相结合，由此就降下了甘露，人们没有命令它，但它自己却分布均匀。

万物在开始产生的时候就有了名字。事物既然有了名字，人们就应该知道其中止的时候。一旦知道了事物中止的时候，人们就可以避免危殆。

道运行于天下，正如江海为河川山谷之水所流注一样。

解　析

一、无名。道是无，是不可言说的，因此是无名。

二、朴。朴是没有加工的原木，就是自然，是道的比喻的形象。

三、小。小与大相比。道是小的，而且是最小的。这是因为它是无。但此无也超过了大，而且是最大。因此道虽然无能，却有大能。道的大能表现为：它能规定万物，万物被它所规定。

四、甘露。甘露是靠近地面的水蒸气在夜间冷却后形成的小水珠，并主要散发在草木之上。

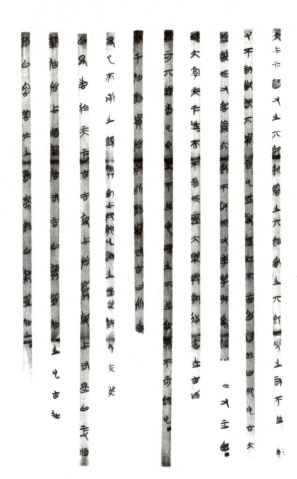

战国楚《老子》(竹简文书)，湖北荆门郭店出土

这里借助甘露的喻象，强调了天地自身的给予性及其均匀性。它没有人为，只有自然。

五、万物与人。万物产生了，就获得了规定和命名。但事物产生了，就会走向终结。正是因为如此，所以人们一旦知道了事物产生的时候，就

77

应该知道事物的终结。知道一个事物终结就可以让事物不消亡。为什么知道终结就可以不消亡？这是因为知止就是无为，而克服了妄为。

六、道与天下。这里用江海与河川山谷的关系来表述道和天下的关系：地上万河奔向大海，天下万物归于大道。

第 三 十 三 章

知人者智，自知者明。

胜人者有力，自胜者强。

知足者富。

强行者有志。

不失其所者久。

死而不亡者寿。

译 文

人知道他人是聪智，知道自己才是高明。

人战胜他人是有力，战胜自己才是强大。

人知道满足就是富有。

人努力行动就是有志。

人不失去其根基就是长久。

人虽然死亡但不失道就是长寿。

论老子

解 析

一、知人与知己。知人是有智慧的，但知己是更有智慧的。明是明白、洞察。知人不易，知己更难。人知道自己时，人需要与自身相区分。人要超出自己，反观自己。此外，人不仅要知道自己，而且要知道他人，还要知道世界。因此知己是高明的。

二、胜人和胜己。胜人不易，胜己更难。胜人是有力量的，但胜己是更有力量的。强是强大、强力。人胜过自己时，人需要与自身相区分。人要控制自己、超过自己。因此胜己是强大的。

三、富。日常观念中的富是财富的无穷追求与满足。但老子的富是知足。它不是对欲望物的占有，而是对于自己欲望边界的区分和把握。

四、志。日常观念中的志是一种意向。但老子的志是强行。这就是努力行动。

五、久。日常观念中的久指时间的连续性、无限性。但老子的久指保持其所，即本源，也就是所来之处和所归之处。久是与道同在。这将日常观念中久的时间性转化成了超时间性的空间性。

六、寿。日常观念的寿是指寿命，并特指长寿。它是生命的时间漫长久远，如"万寿无疆"。但老子的寿不是指生命长久，而是指死而不亡。这就是说，人在死亡后仍没终结，亦即与道永远同在。

　　大道泛兮，其可左右。万物恃之以生而不辞，功成而不有。衣养万物而不为主，可名于小；万物归焉而不为主，可名为大。以其终不自为大，故能成其大。

译　文

　　大道流行，遍及天下四方。万物依靠道来生长，而道不推辞；道成就了万物，但道不自居功劳。道养育了万物，但道不自以为是万物的主宰，这可以说道是小的；万物归依于道，但道不自以为是万物的主宰，这可以说道是大的。正是因为道始终不把自己显示为伟大，所以这使道能够成为伟大。

解　析

　　一、道与物。道是大的，遍及万物。道是万物的开端、过程和归属。首先，道是万物的开端：道生万物；其次，道支配了万物的过程：道养万物；最后，道是万物的归属：万物归于道。

二、自然无为。道自身自然无为，同时让万物任自然，为无为。

三、小与大。一个事物的大与小是与他物比较而来的。道与万物比较一方面是小的，另一方面是大的。道之所以是小，是因为它不主宰万物；道之所以是大，是因为万物都归属于它。因此，道既可以说是小的，也可以说是大的。

第三十五章

执大象，天下往。往而不害，安平太。

乐与饵，过客止。道之出口，淡乎其无味，视之不足见，听之不足闻，用之不足既。

译　文

当人执守大道时，天下的人们都会归往他的地方。大家到大道的地方，互不伤害，和平相处。

音乐和美食能够让过路的人们停步。与此不同，道被言说出来，它平淡得没有任何味道。人们看道却看不见它，听道也听不见它，但当人们使用道时，它是无法用尽的。

解　析

一、大象。大象就是大道。天下民众之所以向往大道，是因为大道是天下之人的原因与目的，是其所来与所归之处。当被大道所规定的时候，人们就不会追求欲望和手段，而去争夺。因此人们能和平相处。

二、乐与饵。乐与饵是物，而且是满足人们听觉和味觉的欲望之物。因此，它们能够吸引那些怀有欲望的人们。

三、道。道不是一个物，没有感性特征。因此道自身是超感觉的，是不可感觉的。它无法如同感性事物一样刺激和满足人们的五官的欲望。虽然道自身为无，但又有一切。它的自然无为能让人生生不息。

第三十六章

将欲翕之，必固张之；将欲弱之，必固强之；将欲废之，必固兴之；将欲取之，必固与之。是谓微明。

柔弱胜刚强。鱼不可脱于渊，国之利器不可以示人。

译 文

如果事物将要收敛的话，那么它必先伸张；如果事物将要衰弱的话，那么它必然先强大；如果事物将要废弃的话，那么它必然先兴起；如果事物将要取掉的话，那么它必先获得。这就是事物微妙的显明。

柔弱胜过刚强。鱼不能离开它生活的深渊，国家的利器也不可显示于众人。

解 析

一、转化。物极必反，势强必衰。当事物发展到其极端的时候，必然走向其反面。这也就是说，当事物要走向否定性的时候，它必然先达到肯定性。肯定性是否定性的先兆，否定性是肯定性的终结。

二、微明。在肯定性中所包含的否定性就是微明。因此当事物发展到肯定性的时候，人们必须看到其中的否定性。看到微明是一种精微的智慧。唯那有眼力者才可见到细微的变化。

三、无为。一个事物不可妄为，必须无为，否则，它就会死亡。鱼本来生活在深渊，这是无为；它脱离深渊，这则是妄为。国家的利器隐藏起来，这是无为；它显示于人，这就是妄为。因此，老子强调鱼不能离开它生活的深渊，国家的利器也不可显示于众人。

第三十七章

道常无为而无不为。

侯王若能守之，万物将自化。化而欲作，吾将镇之以无名之朴。镇之以无名之朴，夫将不欲。不欲以静，天下将自正。

译 文

道永远是自然无为，但它对于天下万物又无所不作为。

如果侯王能自身守持道的话，那么万物将自身生化。万物在生化之后试图妄作的时候，我将用作为道的无名之朴来镇住它们。用作为道的无名之朴来镇住万物之后，它们就不会产生贪欲。万物没有贪欲就会宁静，天下也就会自己行于正道。

解 析

一、道。道本身永远自然而然。道对立于无道。道作为"无为"，相对于非道的"有为"、"人为"（伪）和妄为。同时，道"无不为"区分于非道的"小为"。道的"无不为"意味着道济天下，它作为并生成万物。

二、侯王。他是治天下者。当他以道治国的时候，也就能无为而无不为，万物将自身生化。

三、道和万物。这包括了三个方面。第一，道能导致万物的生长化育，让其依自己的本性而存在；第二，道能镇住万物的欲望，让其回归到淳朴；第三，道能使天下万物达到宁静，走向正道。

《老子像》（雕塑），河南鹿邑太清宫老子文化广场

第三十八章

上德不德，是以有德；下德不失德，是以无德。

上德无为而无以为；下德无为而有以为。

上仁为之而无以为；上义为之而有以为。

上礼为之而莫之应，则攘臂而扔之。

故失道而后德，失德而后仁，失仁而后义，失义而后礼。

夫礼者，忠信之薄，而乱之首。

前识者，道之华，而愚之始。

是以大丈夫处其厚，不居其薄，处其实，不居其华。故去彼取此。

译 文

上德之人不显已德，因此有德；下德之人显已不失德，因此无德。

上德之人自然无为而无有意作为；下德之人自然无为但有意作为。

上仁之人有所作为但无意作为；上义之人有所作为且有意作为。

上礼之人有所作为但无人响应，于是伸出臂膀强行要人就范。

因此失去了道之后才出现德，失去了德之后才出现仁，失去了仁之后才出现义，失去了义之后才出现礼。

礼就是忠信的不足和混乱的开端。

所谓先知的知识是道的虚华表象，是愚昧的真正开始。

因此大丈夫处于厚重，不居于轻薄；处于坚实，而不居于虚华。因此人们要去掉轻薄、虚华，采取厚重、坚实。

解　析

一、上下的区分。此处的上是积极，肯定；下是消极，否定。如上德和下德等。但上下之分的关键是自然和人为的区分。上是自然的，下是人为的。因此，上是合道的，下是不合道的。

二、有与无。这里的有和无（不）实际上是显现和遮蔽。但它们具有非常独特的意义。显现意味着人为，遮蔽意味着自然。于是，有是无道的，而无才是有道的。人因为有某种东西，所以没有某种东西，反过来，人因为没有某种东西，所以有某种东西。

三、道德仁义礼。道是根本，德是德性（物性、人性），仁是仁爱，义是正义，礼是礼制。它们构成了一个从高到低的等级序列。这在事实上是从自然无为到人为甚至到妄为的变化。礼义是对于道德的否定。道家以道德作为最高的规定，而儒家以礼义作为最高的规定。

四、大丈夫。他是得道者。得道者知道区分厚与薄、实与华，也就是区分有道和无道。在此区分的基础上，人作出选择决定，并遵道而行。

第三十九章

　　昔之得一者：天得一以清；地得一以宁；神得一以灵；谷得一以盈；万物得一以生；侯王得一以为天下正。

　　其致之也，谓天无以清，将恐裂；地无以宁，将恐废；神无以灵，将恐歇；谷无以盈，将恐竭；万物无以生，将恐灭；侯王无以正，将恐蹶。

　　故贵以贱为本，高以下为基。是以侯王自称孤、寡、不榖。此非以贱为本耶？非乎？故至誉无誉。是故不欲碌碌如玉，珞珞如石。

译　文

　　自古以来，那些得到了一的事物：天得到了一而保持了清明；地得到了一而保持了安宁；神得到了一而保持了灵明；谷得到一而保持了充盈；万物得到了一而能够生化；侯王得到了一而能够治理天下。

　　由此推而言之，如果天不是清明的话，那么它将要崩裂；如果地不是安宁的话，那么它将毁灭；如果神不是灵明的话，那么它将隐去；如果谷不充盈的话，那么它将枯竭；如果万物不能生化的话，那么它将灭亡；如果侯王不能治政的话，那么他将倒台。

　　因此高贵以低贱为根本，崇高以低下为基础。因此侯王自称孤、寡、

论老子

不毂。这不是高贵以低贱为根本吗？难道不是吗？因此最高的荣誉是没有荣誉。因此人们不要像美玉一样地华丽，而要像石头一样地坚硬。

解　析

一、"一"。"一"有多重意义。第一是万物之一，是其一；第二是一切之一，是整体；第三是开端、统一，是道。万物得一，就是得道。唯有得道，万物才能是其自身。在这样的意义上，"一"是万物的根据，是其所来与所归之处。每一个物只有自身统一，才能自身作为自身存在。

二、天地万物。老子列举了天、地、神、谷、万物与侯王等。天是苍天，地是大地，神是神灵，谷是空谷，万物是矿物、植物和动物的整体，侯王是民众的治者。这些都是在世界之中的不同存在者。

三、正反说一。一方面，如果万物得到一，也就是得到道的话，那么它们将获得自己的本性而成为自身。天得到了一而保持了清明；地得到了一而保持了安宁；神得到了一而保持了灵明；谷得到一而保持了充盈；万物得到了一而能够生化；侯王得到了一而能够治理天下。另一方面，如果万物不得到一，不得到道的话，那么万物将失去自己的本性而不成为自身。如果天不是清明的话，那么它将要崩裂；如果地不是安宁的话，那么它将毁灭；如果神不是灵明的话，那么它将隐去；如果谷不充盈的话，那么它将枯竭；如果万物不能生化的话，那么它将灭亡；如果侯王不能治政的话，那么他将倒台。从正反两方面老子阐明"一"的重要性。

四、贵贱与高下。贱为贵之本，下为高之基。贱和下是合于道的本性的，因此，人们要守贱居下，不要求贵攀高。这也意味着人要无为（珞珞如石），不要妄为（碌碌如玉）。

92

第四十章

反者道之动，弱者道之用。

天下万物生于有，有生于无。

译　文

返回是道的活动，柔弱是道的作用。

天下的万物是从有中产生的，而有又是从无中产生的。

解　析

一、反。道的活动是反。反既是反对，亦即对立，也是返回。这就是说，道的活动是既对立自身又返回自身的。正是如此，道的本性才是生成性的。

二、弱。道的作用是柔弱。道自然无为，因此显示为柔弱。但道无为而无不为，因此它虽柔弱却胜过刚强。在这样的意义上，柔弱比刚强更刚强。

三、有与无。万物源于有，有源于无。这就是说，万物并非是从有到有的转变，也就是从一种存在者状态到另一种存在者状态的变形，而是无中生有。万物自身生成，且生生不息。

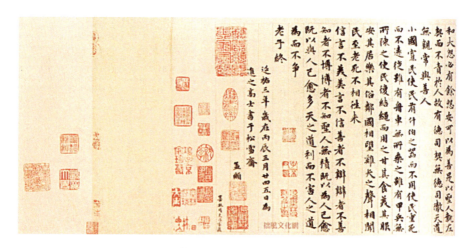

元·赵孟頫《道德经》（小楷书法）

第四十一章

上士闻道，勤而行之；中士闻道，若存若亡；下士闻道，大笑之。不笑不足以为道。

故建言有之：

明道若昧；

进道若退；

夷道若纇；

上德若谷；

广德若不足；

建德若偷；

质真若渝；

大白若辱；

大方无隅；

大器晚成；

大音希声；

大象无形；

道隐无名。

夫唯道，善贷且成。

论老子

译 文

当上士听到道之后，他会勤奋地实行道；当中士听到道之后，他会觉得道似有似无；当下士听到道之后，他会大声嘲笑道。如果道不被人嘲笑的话，那么道本身不足以被称为道。

因此有如下所说的话语：

光明的道仿佛是黑暗的；

前进的道仿佛是后退的；

平坦的道仿佛是崎岖的；

伟大的德仿佛山谷；

广大的德仿佛不足；

刚健的德仿佛偷惰；

纯正仿佛有瑕疵；

洁白仿佛有污垢；

最大的方正没有棱角；

最大的器物最后完成；

最大的声音没有声音；

最大的形象没有形象；

道自身遮蔽，没有名字。

唯有道善于给予且成就万物。

解 析

一、闻道。人听道，倾听道。这设定了"有人说道"为前提。谁有权力、有能力说道？这个人只能是得道者，亦即圣人。但圣人不是道本身。圣人的道来自另外一个本源性的地方，即自然、天道。在此意义上，圣人替天言道。自然之道不是语言，但需要语言。

二、闻道的区分。老子将闻道者区分为上士、中士、下士。上士闻道后并实现道，达到与道的合一。中士闻道后处于是与非之间，若有若无，似是而非。下士闻道后嘲笑道，拒绝道。这是因为上士具有洞见，知道道；中士只有意见，似看非看道；下士只是无知，无法看见道。道在洞见、意见和无知的区分中自身显现为道。同时，上士走在大道上，中士走在道与非道之间的小径上，而下士则走在非道上。

三、道的悖论。这里的悖论包括了三个方面：

第一，道仿佛是非道。光明的道仿佛是黑暗的；前进的道仿佛是后退的；平坦的道仿佛是崎岖的。

第二，德仿佛是非德。伟大的德仿佛山谷；广大的德仿佛不足；刚健的德仿佛偷惰。

第三，物仿佛是非物。纯正仿佛有瑕疵；洁白仿佛有污垢；最大的方正没有棱角；最大的器物最后完成；最大的声音没有声音；最大的形象没有形象。

概而言之，肯定性的道仿佛是否定性的道，肯定性的德仿佛是否定性的德；肯定性的物的特性仿佛是否定性的物的特性。为何如此？这是因为道自身与日常观念（意见、无知）构成了对立。当它们并列的时候，便形成了两种对立的现象。主语是道，而表语则是日常观点所看到的道。

四、道隐无名。道自身遮蔽，拒绝命名。道既拒绝自身言说，也拒绝自身被言说。这是因为老子的道是自然无为之道。

五、善贷且成。道生万物，也就是让万物自身存在。

道生一,一生二,二生三,三生万物。万物负阴而抱阳,冲气以为和。

人之所恶,唯孤、寡、不穀,而王公以为称。故物或损之而益,或益之而损。人之所教,我亦教之。强梁者不得其死,吾将以为教父。

译 文

道生一,一生二,二生三,三生万物。万物背负阴而面朝阳,而阴阳二气交互生成和谐。

人们所厌恶的正是孤、寡、不穀,但王公却用来称呼自己。因此事物或者是减损后增加,或者是增加后减损。人们所教导的,我也用来教导。强暴的人不会得到好死,我把他当成反面的教师。

解 析

一、道。道是本源性的,生成万物。

二、一、二、三。什么是一?一就是道自身。道本身不是万物,是无。道作为无是存在的，因此它同时作为有。作为有与无同一的道就是一。什么是二？可能是阴阳。什么是三？可能是天、地、人。

三、道与一、二、三。它们的关系是生的关系。生育不是生产。生育关系即母子或父子关系。父中有子，子中有父。

四、阴阳。万事万物包括了阴阳两个方面。阴是否定性、被动性；阳是肯定性、主动性。阴阳是共生的。没有阴就没有阳，反之亦然。但阴阳之间的关系不只是对立，也是互补和转化。

五、损益。损是减少，益是增加。它们是一种对立的现象，但会相互转化。一种是由益而损，另一种是由损而益。一般人只知益，而不知损。但圣人反之。

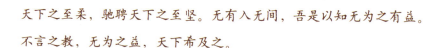

第四十三章

天下之至柔，驰骋天下之至坚。无有入无间，吾是以知无为之有益。不言之教，无为之益，天下希及之。

译　文

那天下最柔弱的事物却能征服那天下最坚硬的事物。那没有实体的事物能够进入到那没有间隙的事物之中，我因此知道无为的益处。

不言的教诲，无为的益处，天下的人很少能知道它们。

解　析

一、柔与坚。一般认为，柔弱是柔弱，坚强是坚强。柔弱不是坚强，坚强不是柔弱。但老子反对这一日常观点，认为柔弱是坚强，而坚强是柔弱。这是因为柔弱无敌。因此，柔弱不仅不是柔弱，而且是比坚强更坚强。

二、知道无为。通过经验观察，老子发现无为具有强大的力量。那天下最柔弱的事物却能征服那天下最坚硬的事物，那没有实体的事物能够进入到那没有间隙的事物之中。

三、不知无为。天下之人很难认识到无为的意义。为何如此？这在于：一方面，无为作为道的本性自身不言，自己遮蔽了自己；另一方面，人遗忘它，否定它，遮蔽它。因此，天下之人崇尚人为、有为，甚至是妄为。

第四十四章

名与身孰亲？身与货孰多？得与亡孰病？

甚爱必大费；多藏必厚亡。

故知足不辱，知止不殆，可以长久。

译 文

名声与生命之间，谁是更切己的？生命与财物之间，谁是更重要的？得到名利和失去生命之间，谁是更有害的？

如果人们过分热爱某物的话，那么他必然付出很多；如果人们过多藏取某物的话，那么他必然失去很多。

因此人们知道满足就不会受到羞辱，知道适可而止就不会带来危险，可以长久生存。

解 析

一、贵身。身是人的身体，是人的生命。名是人的名誉，尤其是好的

河南鹿邑太清宫景区三清殿

名誉。货是财富，是物质利益。老子提出了在名利和生命之间选择的问题。毫无疑问，比起名利而言，生命是更重要的。因此，人们不能为了追求名利而失去生命。

二、去欲。老子并不否定一般的爱，一般的藏，而是否定甚爱，甚藏。它们就是人的贪欲的表现，是妄为，并且会带来灾难，因此要被否定。

三、知足。老子要求知足。知足是人知道并守住自身欲望的边界。道给人的欲望确定了边界。据此边界，有些欲望是可以满足的，有些欲望是不可以满足的。人知足就会为无为，就会任自然。由此，人能够得到道的守护，其结果就是不死和长久。

大成若缺，其用不弊。

大盈若冲，其用不穷。

大直若屈，大巧若拙，大辩若讷。

静胜躁，寒胜热，清静为天下正。

译 文

最完美的事物仿佛是有缺陷的，但其作用是不可竭尽的。

最充满的事物仿佛是空虚的，但其作用是不可穷尽的。

最正直的仿佛是弯曲的，最巧妙的仿佛是笨拙的，最善辩的仿佛是迟钝的。

宁静克服了躁动，寒冷克服了炎热，清静是天下的正道。

解 析

一、大。大是圆满。事物最圆满（大）的特性看起来是其对立面：不圆满。事物虽然看起来不圆满，但其作用确实是无限的。老子在此将关于事物的真知和谬误两种极端的现象对立起来，以凸显道与非道的不同。

二、大成。从道（自然）来看，大成是自然天成；但从非道（人为）来看，它是有缺陷的。

三、大盈。从道（自然）来看，大盈是自然充盈；但从非道（人为）来看，它是空虚的。

四、大直。从道（自然）来看，大直是自然正直；但从非道（人为）来看，它是弯曲的。

五、大巧。从道（自然）来看，大巧是巧夺天工；但从非道（人为）来看，它是笨拙的。

六、大辩。从道（自然）来看，大辩是如实辩论；但从非道（人为）来看，它是迟钝的。

七、清静。清是纯粹，一个事物是其自身，而没有被污染；静是安静，一个事物居于自身，而没有躁动。清静是道的本性。因此，清静无为而无不为。它具有强大的力量，比一般的躁动更能推动万物。

天下有道，却走马以粪；天下无道，戎马生于郊。

罪莫大于可欲，祸莫大于不知足，咎莫大于欲得。故知足之足，常足矣。

译　文

当天下有道时，战马就会退役用来耕种；当天下无道时，怀孕的母马都会参战，还会在战场的郊野生出小驹。

没有任何一种罪恶大于欲求他物，没有任何一种灾祸大于不知满足，没有任何一种过错大于贪欲获得。因此当人们知道容易满足这种满足时，他就会永远满足了。

解　析

一、有道与无道。老子并没有规定"什么是有道"、"什么是无道"，而是运用两个例子说明有道、无道呈现的状态。"走马"出现在和平年代，是无为，即有道。"戎马"出现在战争年代，是妄为，即无道。

元·黄公望《富春山居图》（水墨画）

二、欲望。这里的欲不是一般的欲，而是人的贪欲，也就是超过自然边界的欲望。贪欲会导致妄为，引发纷争，出现死亡。它当然就是罪、祸、咎。

三、知足。知足就是知道欲望的边界和限度，并因此寡欲、无欲。人不仅容易满足自己的有限欲望，而且可以长久和永恒地满足自己的有限欲望。

第四十七章

不出户，知天下；不窥牖，见天道。其出弥远，其知弥少。
是以圣人不行而知，不见而明，不为而成。

译　文

人不出门外，但知道天下万物；不望窗外，但知道天地之道。人外出的越是遥远，人知道的越是稀少。

因此圣人不远行而知道，不窥见而明白，不妄为而完成。

解　析

一、远近。近是在家，远是远游。人在家可以知道天下和天道，远游则无法知道天下和天道。

二、内外。内是内观，外是外观。人内观可以知道天下和天道。外观则无法知道天下和天道。

三、有为和无为。远游和外观是有为；在家和内观是无为。圣人不行而知，不见而明，不为而成。通过否定，圣人使自己达到无，达到道。

四、知道。知道不在远游，而在居家；不在外观，而在内观；不在有为，而在无为。道是在人的清静之中呈现自己并被人知道的。

第四十八章

为学日益，为道日损。损之又损，以至于无为。

无为而无不为。取天下常以无事，及其有事，不足以取天下。

译 文

为学在于每天增加，为道在于每天减少。当人为道时，减少了又减少，以至达到无为。

如果人无为的话，那么他就能无所不为。人治理天下要安宁无事。如果人生出事端的话，那么他就不足以治理天下了。

解 析

一、为学与为道。为学和为道是人的两种根本不同的行为。第一，所为不同。为学追求的是万物的学识，为道追求的是唯一的天道。第二，作为不同。为学思考的是多，为道思考的是一。因此人们为学需要增加，为道则需要削减。为学是有为，为道是无为。

元·鲜于枢《道德经》（楷书书法）

二、损。何谓损？损就是不，也就是否定。损之又损是否定之否定，是否定的连续性。通过否定，人要消除妄为，达到无为，亦即达到无本身。

三、无为无不为。当人为无为时，就能任自然，让万物自身生成。这就是无为而无不为。

四、取天下。取天下就是治理天下。有事和无事就是有为和无为。有为无法取天下，无为才能取天下。这就是说，治天下关键在于无为而治。

圣人常无心，以百姓心为心。

善者，吾善之；不善者，吾亦善之；德善。

信者，吾信之；不信者，吾亦信之；德信。

圣人在天下，歙歙焉，为天下浑其心，百姓皆注其耳目，圣人皆孩之。

译 文

圣人永远没有私心，而是以百姓的心作为个人的心。

对于善良的人，我善对他；对于不善良的人，我也善对他；因此人们可以获得善良的道德。

对于诚信的人，我信任他；对于不诚信的人，我也信任他；因此人们可以获得诚信的道德。

圣人治理天下时，收敛自己的欲望，使天下民众之心达到浑厚。百姓都只是专注自己的耳目，圣人使他们如同婴儿一样天真。

解　析

一、心。心是人的思想。圣人有心，但无私心，也就是无欲望，无机心。他的心与道合一，贯通了天、地、人。因此，圣人能将民众之心化为自己之心。这就是说，圣人与天地人同一心。

二、善和信。圣人代表道。道就自身而言超越了善与不善、信与不信的区分。它既非善，也非不善；既非信，也非不信。但当道和世界发生关联时，它只有善，没有不善；只有信，没有不信。与道一样，圣人也是如此。一方面，他自身超出善与不善、信与不信；另一方面，当他与现实世界发生关联时只有善，没有不善；只有信，没有不信。同时，他用善对待善与不善，用信对待信与不信。如果人以不善对待不善的话，那么就会引起新的不善；如果人以不信对待不信的话，那么就会产生新的不信。圣人要想克服这种恶性循环，就必须超越它。唯有如此，人的行为才符合道。

三、治天下。圣人治理天下的关键是无为。他既要让自身无欲无技，也要让民众无欲无技。在为无为的时候，民众就会任自然。他们回归自己的本来的样子，如同婴儿的天真淳朴本性一样。

第五十章

出生入死。生之徒，十有三；死之徒，十有三；人之生，动之于死地，亦十有三。夫何故？以其生生之厚。

盖闻善摄生者，陆行不遇兕虎，入军不被甲兵；兕无所投其角，虎无所用其爪，兵无所容其刃。夫何故？以其无死地。

译 文

人的生命就是由生到死。其中，属于长生的有十分之三；属于早死的有十分之三；本来可以长生但却早死的也有十分之三。为什么呢？这是因为他们过于厚养了自己。

据说那些善于养生的人，在陆地行走不会遇到犀牛和老虎，在战争中不会碰到武器；犀牛无法投用它的角，老虎无法使用它的爪，兵器无法动用它的刃。为什么？这是因为那些善于养生的人没有进入死亡的地带。

解　析

一、生死的区分。人生天地间就是人在生死间。人去生，就是去死；人活了一天，就是死了一天。但不同的人有不同的生，不同的人有不同的死。老子分辨了从生到死的三种主要类型：第一种是天生长生的；第二种是天生早死的；第三种是本来可以长生却自己早死的。

二、本长生却早死者。老子指出一些人虽可长生但却早死的原因是过于厚养了自己。这就是说他们反自然而妄为，也就是过度地追求了欲望及其满足的手段。

三、摄生。人如何追求常生不死？这关键在于避免死亡的可能性，也就是不要进入死亡的地带。这样，人既不会被猛兽伤害，也不会被人类消灭。但人既要避免死亡的外在的可能性，也要避免死亡的内在的可能性。这就要求人不要妄为，而要无为。唯有自然无为，被道守护，人才能长生。

第五十一章

道生之，德畜之，物形之，势成之。

是以万物莫不尊道而贵德。

道之尊，德之贵，夫莫之命而常自然。

故道生之，德畜之；长之育之；成之熟之；养之覆之。生而不有，为而不恃，长而不宰。是谓玄德。

译 文

道生成万物，德养育万物，形态构成万物，势力成就万物。

因此天下万物没有不尊崇道的，没有不珍贵德的。

道的尊崇和德的珍贵在于，它们不命令万物而让它们永远自然无为。

因此道生成万物，德养育万物；让万物长育，让万物成熟，让万物受护。道生成而不占有万物，作为而不依赖万物，引导而不控制万物。这就是神秘的德。

解　析

一、万物。万物不是已然存在的，而是从无到有不断生成的。万物的生成依赖四个要素：道、德、物（形）、势（力）。道是物的本源；德是道在物身上的实现，是物的德性，是物的物性。在道、德之后的物指物的形体；在物之后的势是物所在的环境和势力。比起物和势，道德是最根本的。这是因为道德是内在的，物和势是外在的。因此，道德是最尊贵的。

二、道与万物。道不仅自身自然无为，而且对万物也自然无为。道让万物任自然，同时也让万物为无为。但道让万物存在而不是去占有它。

三、玄德。它是道神秘的德性。道自然无为，生成万物但自身隐身而去。这种德性是自身遮蔽的，不可见的，因此是神秘的。

河南鹿邑明道宫景区八卦台和太极殿

第五十二章

天下有始，以为天下母。既知其母，以知其子；既知其子，复守其母，没身不殆。

塞其兑，闭其门，终身不勤。开其兑，济其事，终身不救。

见小曰明，守柔曰强。用其光，复归其明，无遗身殃。是谓袭常。

译 文

天下万物有一个开端，它可作为天下万物的母体。如果人们已经知道了母体的话，那么就可以知道子嗣；如果人们知道了子嗣，又守护着其母体的话，那么人终身都没有危殆。

如果人塞住欲望的口，关闭欲望的门的话，那么终身无须勤劳。如果人开起欲望的口，增加欲望的事的话，那么终身都无法被救。

能见到微小的就是明白，能守住柔弱的就是刚强。如果人们用光芒照射自身而复归于自身的清明的话，那么他就不会给自己带来灾祸。这就是承袭常道。

解　析

一、道与万物。道与万物的关系被描述为母与子的关系。母子关系是一种血缘关系。他们之间存在家族相似现象。这就是说，在母的形象上可以看到子的形象；在子的形象上可以看到母的形象。这里存在一个思想的循环：一方面，人通过母知其子，亦即通过道而知物；另一方面，人通过子知其母，亦即通过物而知道。

二、人与欲望。所谓的口和门是欲望之口和欲望之门。人敞开了欲望的门口，就会妄为；人关闭了欲望的门口，就能无为。妄为或无为关系到人自身死亡或者生存的问题。因此人要关闭自身欲望的通道，而不要开启它。

三、人与道。人要追寻道，也就是要认识道并实行道。得道在此具体表现为见小守柔。一般人们只能见大和守强。但老子认为，见小才是真正的明。这是因为最微小的是最难看见的。守柔才是真正的强。这是因为柔弱是最坚强的。同时，人要观照自身。这里的明和强与日常观念的理解是不同的。

第五十三章

使我介然有知，行于大道，唯施是畏。

大道甚夷，而人好径。

朝甚除，田甚芜，仓甚虚；服文彩，带利剑，厌饮食，财货有余；是谓盗夸。非道也哉！

译　文

如果我略微有些知识的话，那么我将行于大道，而唯恐误入歧途。

大道是非常平坦的，但人们却喜欢行走在小径。

朝廷非常腐败，田地非常荒芜，仓库非常空虚；但人们却穿着华丽的衣服，带着锋利的宝剑，饱餐丰盛的饮食，拥有多余的财富。他们就是大盗。这不是道啊！

解　析

一、道路的区分。本章包括了在道路整体中的区分，即大道、小径和非道。大道是真理，小径是人之路，非道是谬误。人之路虽然不是非道、无道，但也并非大道。小径处于道与无道之间，似是而非。

二、人的区分。在三条路上行走着三种不同的人。有道者行走在大道上；世人行走在小径上；无道者行走在非道上。

三、有道者爱行大道。他知道大道是正道，而小径和非道是邪道。因此他自然无为，警惕自己走错道路。

四、人们爱行小径。现实的人们不选择无道，但也没选择大道，而是行走于两者之间。小径看起来是超过大道的快捷之路，但它容易陷入歧途或者死路。因此人们往往无路可走。

五、无道者爱行无道。他们只是无限地追求自身的欲望及其满足的手段，从而妄为，胡作非为。他们却穿着华丽的衣服，带着锋利的宝剑，饱餐丰盛的饮食，拥有多余的财富。这些都是无道的表现。

第五十四章

善建者不拔，善抱者不脱，子孙以祭祀不辍。

修之于身，其德乃真；修之于家，其德乃余；修之于乡，其德乃长；修之于邦，其德乃丰；修之于天下，其德乃普。

故以身观身，以家观家，以乡观乡，以邦观邦，以天下观天下。吾何以知天下然哉？以此。

译 文

那善于建立的事物是不可拔除的，那善于抱住的事物是不可脱离的，据此道理，子子孙孙都能保持对于祖宗的祭祀。

如果人将此道理实行到个人身上的话，那么他的德就是真实的；如果人将此道理实行到家族上的话，那么他的德就是盈余的；如果人将此道理实行到乡里上的话，那么他的德就是受尊的；如果人将此道理实行到国家上的话，那么他的德就是丰余的；如果人将此道理实行到天下上的话，那么他的德就是普遍的。

因此以身观身，以家观家，以乡观乡，以邦观邦，以天下观天下。我何以知道天下的状况呢？正是通过这种方式。

解 析

一、善。善是遵道而行。建立和抱住都是人的行为，且是一种技术性的行为。但善建和善抱则意味着人的行为合乎自然的行为，技术的活动合乎大道的活动。善建是建立于基础，善抱是抱住了根本。因此，它们就能长久。

二、修。修是人的行为。德是道的实现。如果知道了作为遵道而行的善并将此修之于身的话，那么人们自身就获得了道。这就是说人自身具有了德性，也就是具有了人的人性。

三、身、家、乡、国、天下。这是一个序列。从身到天下，前一个环节是后一个环节的基础，后一个环节又是前一个环节的扩大。这个结构具有自然性，也就是血缘的和地理的自然性。

四．观。观是思想，而且是直观和洞观。老子说了几种不同的观：以身观身，以家观家，以乡观乡，以邦观邦，以天下观天下。但这些观都可以变成"以物观物"。"以物观物"否定了"不以物观物"。"不以物观物"就是从物之外的立场和视角出发去理解物的本性，但如此被理解的物的本性是被歪曲了的。与此不同，"以物观物"则抛弃了物之外的立场和视角，而按照物自身所是的样子来观照。在这种观照中，一个物作为物自身的本性就显示出来了。"以物观物"在根本上就是如实观照。唯有如实观照，人们才能揭示事物的真理。以身观身，人们看到了自己的真实本性；以家观家，人们看到了家族的真实本性；以乡观乡，人们看到了家族的真实本性；以邦观邦，人们看到了邦国的真实本性；以天下观天下，人们看到了天下的真实本性。

含德之厚，比于赤子。毒虫不螫，猛兽不据，攫鸟不搏。骨弱筋柔而握固。未知牝牡之合而朘作，精之至也。终日号而不嗄，和之至也。

知和曰常，知常曰明。益生曰祥，心使气曰强。物壮则老，谓之不道，不道早已。

译 文

含德深厚的人仿佛婴儿一样。毒虫不咬他，猛兽不抓他，凶鸟不袭他。婴儿骨弱筋柔但拳头握得牢固，不知男女交合但阳物勃起，这是因为精气充满。他终日大哭却嗓子不沙哑，这是因为真气极端和谐。

知道和谐就是常道，知道常道就是明白。放纵生活就是灾难，心念主使精气就是逞强。事物达到强壮就会衰老，这是违反道的，违反道的就会过早死亡。

解　析

一、赤子。赤子是婴儿。他有三个特征：第一，不被伤害。毒虫猛兽凶鸟不会袭击他。这在于他不伤害物，而物也不伤害他。第二，具有力量。他的双手具有牢固的握力。第三，充满精气。他的阳物不为性欲而自发勃起，他的嗓子不会因为哭号而沙哑。这在于赤子含有厚德，也就是道。道的自然无为让赤子自然无为。厚德之人虽然是成人，但其自然无为也如同赤子一样，因此具有道所赋有的德性。

二、明道。知道就是明白事物的真理，也就是常道。常道就是人要知道和谐。和谐就是事物的自然。

三、不道。不道也包括了益生、逞强等。益生是放纵了生命的欲望及其满足；逞强是心念强迫主宰了精气。它们是有为，是妄为，是不道。因此，它们会带来死亡。

宋·黄庭坚《花气熏人帖》（行书书法）

第五十六章

知者不言，言者不知。

塞其兑，闭其门，挫其锐，解其纷，和其光，同其尘，是谓玄同。故不可得而亲，不可得而疏；不可得而利，不可得而害；不可得而贵，不可得而贱。故为天下贵。

译　文

知道的人不言说，言说的人不知道。

塞住欲望的口，关住欲望的门，锉掉锋芒，消解纷争，掩盖光芒，混同尘世，这是神秘的同一。因此，人们不可因为获得而分有亲疏，而分有利害，而分有贵贱。因此这将为天下之人所推崇。

解　析

一、知与言。知者知道，自然无为，故不言；言者言说，人为妄为，故不知道。

二、玄同。无为包括多个方面：

首先是无欲。塞住欲望的口，关住欲望的门。

其次是无争。锉掉锋芒，消解纷争。

最后是无我。掩盖光芒，混同尘世。

无欲、无争和无我都是无为的表现形态。通过无为，人达到了自然。这就是玄同。玄同是神秘的同一，是混沌的状态，即道本身。

三、不。不是否定。否定是否定对立。亲疏、利害、贵贱等都包括了自身对立的两个方面。为何要消除对立？因为这种对立要依据于一个更根本性的东西：得。得是占有，是满足欲望。人们消除这些对立实际上是消除欲望本身。

第五十七章

以正治国，以奇用兵，以无事取天下。吾何以知其然哉？以此：

天下多忌讳，而民弥贫；人多利器，国家滋昏；人多伎巧，奇物滋起；法令滋彰，盗贼多有。

故圣人云：我无为，而民自化；我好静，而民自正；我无事，而民自富；我无欲，而民自朴。

译 文

人要以正道治国，以奇法用兵，以清静无为来治理天下。我如何知道事情是这样的？这是通过下列事情：

天下越是禁止，民众越是贫困；人们越是拥有利器，国家越是产生混乱；人们越是使用技巧，奇怪的事物就越会出现；法令越是凸显，盗贼越是增加。

因此圣人说：如果我无为的话，那么民众就会自我化育；如果我好静的话，那么民众就会自我修正；如果我无事的话，那么民众就会自我富裕；如果我无欲的话，那么民众就会自我淳朴。

解　析

一、政治。政治就是正治，也就是以正治国，亦即以道治国。处理天下事情最根本的方式是无为而治。

二、手段与目的。手段本来是服从于目的的，一定的手段实现一定的目的。但老子指出，人们治国的手段和目的不仅是脱节的，而且是相反的。这就是说，手段不仅不能实现目的，而且还会反对目的。这是因为手段只是技术，它不是大道，甚至是违反大道的，是妄为。但妄为只能导致妄为。因此，这就需要思考手段本身，并且废除手段本身。

三、圣人与民众。圣人是引导性的，而民众是被引导性的。圣人怎样，民众就会怎样。但圣人本身为道所引导。只有当圣人为道所引导时，他才能用道引导民众，让民众过一种有道的生活。因此，圣人要无欲，无技（无为、无事），崇道（好静）。当圣人无为时，民众也会无为。

第五十八章

其政闷闷，其民醇醇；其政察察，其民缺缺。

祸兮，福之所倚；福兮，祸之所伏。孰知其极？其无正也。正复为奇，善复为妖。人之迷，其日固久。

是以圣人方而不割，廉而不刿，直而不肆，光而不耀。

译 文

当治者宽厚的时候，民众就会醇厚；当治者苛察的时候，民众就会狡猾。

灾祸啊，幸福就倚靠着它；幸福啊，灾祸就藏伏于它。谁知道它的根本？它没有一个绝对的对错。正又变成邪，善又变成恶。对此，人们的迷惑已经很长久了。

因此圣人方正而不割人，锐利而不伤人，正直而不放肆，光明而不刺眼。

解　析

一、政治。统治者规定了民众。当统治者自然无为时，民众也会自然无为；当统治者有为、妄为时，民众也会有为、妄为。

二、矛盾。老子不仅看到事物自身的同一性，而且看到事物自身包含的矛盾：祸福、正奇、善妖等。它们不仅相互对立，而且相互转化。祸会变成福，福会变成祸。

三、自然无为。圣人自然无为。一方面，他任自然，行大道；另一方面，他为无为，反非道。这就形成了一个典型的语言表达式：是道而不是非道。如：方正（道）而不割人（非道），锐利（道）而不伤人（非道），正直（道）而不放肆（非道），光明（道）而不刺眼（非道）。

江苏苏州玄妙观

第五十九章

治人事天，莫若啬。

夫唯啬，是谓早服；早服之重积德；重积德则无不克；无不克则莫知其极；莫知其极，可以有国；有国之母，可以长久。是谓深根固柢，长生久视之道。

译　文

治人事天没有比爱惜更重要的事情。

爱惜就是尽早回复道；尽早回复道就是重复积累德；重复积累德就是没有什么事情是不能完成的；没有什么事情是不能完成的，就是无法知道它的极限；无法知道它的极限，就可以拥有国家；拥有国家的根本，就可以长久。这就是深根固柢、长生久视之道。

解　析

一、治人事天。治和事都是人的活动。人生在世看起来有许多活动，但事实上无非就是治人事天。为什么？这是因为人生在世就是人生天地间。人的活动不是治人，就是事天。

二、啬。啬本身意味着少。从否定性来说，它要否定多，也就是无为；从肯定性来说，它要爱惜，也就是尊重自然。因此，啬是自然无为的另一种表达。

三、达道。啬作为人的活动，在本性上是自然无为。这就意味着啬就是达道和积德。由此，啬具有广大和长久的力量，并能让天下和人自身达到永恒。

第 六 十 章

治大国，若烹小鲜。

以道莅天下，其鬼不神；非其鬼不神，其神不伤人；非其神不伤人，圣人亦不伤人。夫两不相伤，故德交归焉。

译 文

人治理大国要如同烹饪小鱼一样。

如果人用道来治理天下的话，那么鬼就不起作用；不但鬼不起作用，而且神也不伤害人；不但神不伤害人，而且圣人也不伤害人。正是因为它们相互不伤害，所以它们的德能共同归属。

解 析

一、治国。关于治国，老子认为要无为而治。在本章，老子将无为而治比喻成若烹小鲜。在烹小鲜时，人不可乱翻，否则鱼就会被翻烂。人必须小心轻动，这样才能保全小鱼。治国也是如此，人不要妄为，否则国家大乱，而应清静无为，国家才会和平。

　　二、道治。圣人无为治国就是以道治天下，让天下万物都遵道而行。天下万物是各种不同的存在者。鬼是已死的存在者，神是不死的存在者，人是一般的民众，圣人是得道的人。鬼、神、人与圣人都不互相伤害，而和谐共生。因为他们不追求贪欲及其满足的手段，所以他们没有纷争，而同属大道。

第六十一章

大邦者下流，天下之牝，天下之交也。牝常以静胜牡，以静为下。

故大邦以下小邦，则取小邦；小邦以下大邦，则取大邦。故或下以取，或下而取。大邦不过欲兼畜人，小邦不过欲入事人。夫两者各得所欲，大者宜为下。

译 文

大国要如同江河的下流，要如同天下的雌性，要成为天下交汇的地方。雌性之所以常以安宁胜过雄性，是因为它以安宁处于下方。

因此如果大国谦下让小国的话，那么它则可以赢取小国；如果小国谦下让大国的话，那么它则可以赢取大国。因此这或者是大国以谦下来赢取小国，或者是小国本谦下以赢取大国。大国不过是想兼养小国，小国不过是为了效忠大国。这样两种国家都可以实现自己的目的，其中，大国尤其应该为下。

解　析

一、雄雌。一般日常观念认为，雄胜雌，雌负雄。但老子认为雌胜雄，雄负雌。雌性的特性是安宁处下，也就是无为。

二、上下。一般日常观念认为，上高于下，下低于高。但老子反对这种日常观念，强调下胜上。处下就是无为而在。

三、大小。老子认为无论大国还是小国，都应该彼此谦让，处于下位。尤其是大国要如同雌性一样安宁处下，无为而在。

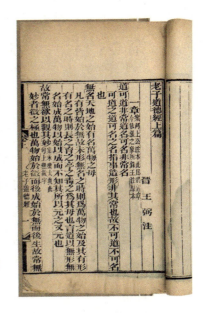

晋·王弼注《道德经》

道者，万物之奥。善人之宝，不善人之所保。

美言可以市尊，美行可以加人。人之不善，何弃之有？故立天子，置三公，虽有拱璧以先驷马，不如坐进此道。

古之所以贵此道者何？不曰：求以得，有罪以免邪？故为天下贵。

译 文

道是万物的庇护所。它既是善人的珍宝，也是不善人的依保。

善人美好的言词可以获得尊重，美好的行为可以获得推崇。不善的人为何要抛弃道呢？因此在立天子、置三公（太师、太傅、太保）时，虽然人们先后奉献拱璧和驷马，但不如坐进此道。

为什么古代的人重视道呢？难道不是因为有求必有得，有罪即可免除吗？因此道为天下人所珍贵。

解　析

　　一、道与世界。道既是物的庇护所，也是人的珍宝和依保。道不仅保护善人，也帮助不善的人。这在于道超出了善与不善的区分。由此可见，道是周遍天下的。

　　二、人与道。善人接受道，因此其言行得到世人的尊崇；不善人拒绝道，因此其言行遭到世人的唾弃。

　　三、贵道。如果人们把天下的尊贵之物拿来与道来做比较的话，那么它们也没有道尊贵。这在于道是有求必应的。它能给人提供一条可行走的正确道路，并且能让人迷途知返，免灾得福。

第 六 十 三 章

为无为，事无事，味无味。

大小多少，（报怨以德。）图难于其易，为大于其细；天下难事，必作于易，天下大事，必作于细。是以圣人终不为大，故能成其大。

夫轻诺必寡信，多易必多难。是以圣人犹难之，故终无难矣。

译 文

人要作为无为之为，从事无事之事，品味无味之味。

大源于小，多源于少。（人要用恩德报答怨恨。）人们处理困难的事情应该在其还是容易的时候，处理巨大的事情应该在其还是微小的时候；天下困难的事情必须在其容易的时候处理，天下巨大的事情必须在其细微的时候处理。因此圣人始终不处理巨大的事，所以这能够成就他的大事。

一个轻率的许诺必然缺少诚信，过多的易事必然产生过多的难事。因此圣人还把易事看成难事，所以他就没有难事了。

解　析

一、为无为。为是作为，事是从事，味是品味。它们都是人的活动。而无为、无事、无味是对于为、事和味的否定。"为无为，事无事，味无味"，这是悖论性的表达。人要作为无为之为，从事无事之事，品味无味之味。它看起来自相矛盾，但事实上是要求人的作为合乎自然之道。这就是说，人要合道而为，不要非道而为。

二、大小多少。大源于小，多源于少。小和少是一个事物的开端。因此，人们要注意小、少的重要性。唯有小，才能大；唯有少，才能多。

三、妄为。轻率的许诺和过多的易事都是妄为，会带来灾难。圣人不妄为，故无祸。

其安易持，其未兆易谋。其脆易泮，其微易散。为之于未有，治之于未乱。

合抱之木，生于毫末；九层之台，起于垒土；千里之行，始于足下。

（为者败之，执者失之。是以圣人无为，故无败；无执，故无失。）

民之从事，常于几成而败之。慎终如始，则无败事。

是以圣人欲不欲，不贵难得之货；学不学，复众人之所过。以辅万物之自然而不敢为。

译 文

安定的事情是容易把持的，尚没征兆的事情是容易谋划的。脆弱的事物容易分离，微小的事物容易消散。人们要在事情没有发生的时候就去处理，在事情没有产生混乱的时候就去治理。

合抱的大树是从微小的萌芽开始生长的；九层的高台是从低矮的土堆开始建筑的；千里的远行是从足下的一小步开始走出的。

（那些妄为的人一定会失败，那些执取的人必定失去。因此圣人不妄为，故不失败；不执取，故不失去。）

人们所做的事情常常在将近完成的时候就失败了。如果人们如同对待开始那样而慎重对待完成的话，那么就不会产生失败的事情了。

因此圣人只欲求那不欲求的东西，不珍视难得的货物；他只学习那不学习的东西，回复到众人所过失的本性。圣人遵循万物的自然本性而不敢妄自作为。

解　析

一、开端。一个事物的整体包括了三个部分：开端、中间和终结，而开端是其基础。

二、抽象和具体的开端。老子不仅从抽象方面强调开端的重要性，而且从具体方面强调开端的重要性。他列举了很多经验性的例子。

三、妄为和无为。妄为会导致失败，无为则可以避免失败。

四、终结。老子强调要慎终如始。终结不是一个事物的否定，而是一个事情的圆满完成。

五、圣人。圣人要欲不欲、学不学。这里的欲是欲求。但欲求正是要欲求那无所欲求。这里的学是学习。但学习正是要学习那无所学习。这种悖论的表达正是要否认一般的欲求和学识，而要回复到道本身。圣人遵循万物的自然本性，而自己不敢妄为。

第 六 十 五 章

古之善为道者，非以明民，将以愚之。

民之难治，以其智多。故以智治国，国之贼；不以智治国，国之福。

知此两者亦稽式。常知稽式，是谓玄德。玄德深矣，远矣，与物反矣，然后乃至大顺。

译 文

古代善于为道的人，不是使民众变得精明，而是使他们变得真朴。

民众之所以难以治理，是因为他们有过多的巧智。因此如果统治者用巧智去治理国家的话，那么这将是国家的灾难；如果他不用巧智去治理国家的话，那么这将是国家的幸福。

知道这两者治国的差异就是一个法则。人们常常知道这个法则，就是玄德。玄德是幽深的、广远的，和万物一起返回自性，然后达到顺任自然。

解　析

一、善为道者。善为道者就是圣人。圣人治国是无为而治。因此他让民众任自然而为无为。他不启民智，而使之愚。愚既非真正的愚蠢，也非虚假的聪明，而是朴素的天性，也就是自然无为。

二、治国。治国的方略可分为以智治国和非以智治国（愚治）。以智治国激发了民众的智力，他们扩张自己的欲望并追求满足的手段。智治是妄为，因此是国家的灾难。非以智治国（愚治）消灭了民众的智力，人们既不产生贪欲，也不发展奇技。愚治是无为，因此是国家的幸福。

三、玄德。知道以智治国和非以智治国的差别就是知道了玄德。玄德是真正的深远之德。玄德之所以深远，是因为它自身遮蔽和被遮蔽。但它和万物一起返回自然大道。

第六十六章

江海之所以能为百谷王者，以其善下之，故能为百谷王。

是以圣人欲上民，必以言下之；欲先民，必以身后之。是以圣人处上而民不重，处前而民不害。是以天下乐推而不厌。以其不争，故天下莫能与之争。

译 文

江海之所以能成为众多河流所奔往的地方，是因为它善于处于低下的地方，因此它能成为众多河流所奔往的地方。

因此如果圣人想位于民众之上的话，那么他的言语必须表明下于民众；如果他想先于民众的话，那么他的行为必须表明后于民众。因此圣人处于上面而民众不感到负重，圣人处于前面而民众不感到有害。因此天下的民众乐于推举而不讨厌圣人。凭借他不争，天下无人能够与他争。

解　析

一、江海。江海是百谷之王，为上。但它之所以为上，是因为它善于为下。故百川归之。

二、圣人。圣人是百姓之王，为上。但他之所以为上，是因为他甘于为下。故众人归之。

三、不争。天地为圣人提供了规则：不争。不争就是无为。但无为而无不为。因此圣人不争，但能克服天下所有的争夺。

民国·王光第《老子诞生处》（书法刻石），河南鹿邑太清宫太极殿

第六十七章

天下皆谓我，道大，似不肖。夫唯大，故似不肖。若肖，久矣其细也夫。

我有三宝，持而保之。一曰慈，二曰俭，三曰不敢为天下先。

慈故能勇；俭故能广；不敢为天下先，故能成器长。

今舍慈且勇，舍俭能广，舍后且先，死矣！

夫慈，以战则胜，以守则固。天将救之，以慈卫之。

译　文

天下之人都对我说，道是广大的，好像不像任何物。正是因为道是广大的，所以它不像任何物。如果道像任何物的话，那么它长久将是渺小的。

我有三个宝贝，持守并保藏着它们。第一个是慈爱，第二个是节俭，第三个是不敢位于天下之人的前面。

只有慈爱，人才能勇敢；只有节俭，人才能广大；只有不敢位于天下之人的前面，人才能成为万物的首长。

当今的人们舍弃了慈爱而行为勇敢，舍弃了节俭而追求广大，舍弃了处于后面而争取处在前面，这是走向死亡。

慈爱用来战争就会胜利，用来守卫就会坚固。如果天要救一个人的话，那么就会用慈爱来保护他。

解　析

一、道。道是大道。但大象无形。因此，它不可能类似天下任何事物。如果道类似天下某一事物的话，那么它就是一个物，而不是道了。

二、三宝。宝是法宝。三宝是三种达到道的法宝。三宝包括了慈、俭、不敢为天下先。慈就是爱。慈爱是对万物的同情，愿意把自身给予万物。爱包括了爱道、爱天地万物、爱他人和爱自己。人能爱，才能勇敢。此处的勇敢就是敢于让自己和万物顺道而行。俭是节俭，缩小。人缩小才能扩大。不敢为天下先意味着为下，为小。但这反过来倒是先，是上、是大。这三宝的核心意义是自然无为。慈作为爱就是人任万物之自然，对万物无妄为。俭是爱惜事物，人任自然而为无为。不敢为天下先就是无为不争。

三、我。因为我有三宝，所以我是一个有道的人，自然无为，并能长存。

四、世人。因为世人舍三宝，所以他们不是有道的人，胡作非为，容易死亡。

五、慈。在三宝中，老子特别强调慈爱的重要性。无论人是战还是守，是主动还是被动，爱都会保护人。这在于慈是自然无为，它不仅是人的本性，而且是道的本性。

第六十八章

善为士者，不武；善战者，不怒；善胜敌者，不与；善用人者，为之下。是谓不争之德，是谓用人之力，是谓配天古之极。

译 文

善于作为将领的人不勇猛向前；善于作战的人不气势凌人；善于战胜敌人的人不争斗。善于用人的人甘于为人之下。这就是不争的德性，这就是运用他人的能力，这就是符合自然的终极之道。

解 析

一、不善。不善是不合道的。一般关于战争的观点是不善的，如人们主张的武、怒等。它们都是争，是妄为。

二、善为。善为是合乎道的行为、存在方式，它否定了不善。因此善于作为将领的人不勇猛向前；善于作战的人不气势凌人。

三、不争。善为在根本上就是不争，也就是无为。为无为才能任自然。唯有如此，人才合于天道。人要以不争去争，并最后达到不争。

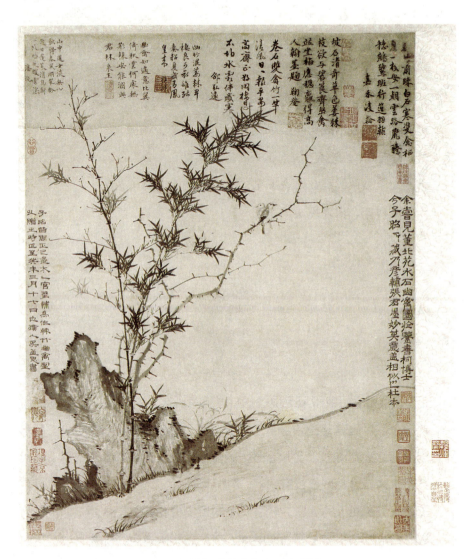

元·张彦辅《棘竹幽禽图》（水墨画）

用兵有言：吾不敢为主，而为客；不敢进寸，而退尺。是谓行无行；攘无臂；扔无敌；执无兵。

祸莫大于轻敌，轻敌几丧吾宝。

故抗兵相若，哀者胜矣。

译 文

用兵的人曾说：我不敢为主去进攻，而是为客来退守；不敢进攻一寸，而是退守一尺。这就是说，部队虽然有阵势，但好像没有行进；战士虽然要奋起臂膀，但好像没有臂膀；部队虽然面对敌人，但好像没有敌人；战士虽然手执武器，但好像没有武器。

没有比轻敌更大的灾祸。轻敌几乎导致丧失我的宝贝。

因此当敌我两军力量相当的时候，慈悲的军队将会获得胜利。

解　析

一、用兵。老子兵法思想始终强调合于自然之道，也就是无为、不争。用兵要由主到客，舍主为客，不进而退。从事战争看起来仿佛不是在从事战争。

二、轻敌。老子用兵反对轻敌。轻敌的根据在于我认为我方是强者，敌方是弱者。反之，不轻敌则是设定敌比我强。轻敌会妄为，就会失败；不轻敌会无为，就会成功。

三、哀者。哀是哀怜、哀悯，也就是慈悲。但慈悲也就是顺任自然，无为不争。正好是不争才能获得战争的胜利。

第 七 十 章

吾言甚易知，甚易行。天下莫能知，莫能行。

言有宗，事有君。夫唯无知，是以不我知。

知我者希，则我者贵。是以圣人被褐而怀玉。

译 文

我的言语非常容易懂得，也非常容易实行。但天下无人能懂得，无人能实行。

言语是有来源，事情是有根据。正是因为人们不知道这一道理，所以人们不知道我。

知道我的人很稀少，取法我的人很珍贵。因此圣人都是外着粗衣而内怀宝玉。

解 析

一、我。我由我的言谈而显现出来，因此我是一个言说者，一个说道

154

者。我说的道非常容易被知道和践行，这是因为大道至简。

二、不知我。天下之人就是与我不同的他人。他人不知、不行我的言。这是因为我的言是属于道的言，而世界不知道道本身，也不实行道本身。

三、知我。知我言说的人必须是知道道的。但知道道的人是稀少的，因此知道我的人也是稀少的。

四、隐者。因为天下之人多数不知我，只有少数知我，所以我作为圣人是一位隐者。其形象为：披着粗布衣服，怀里抱着美玉。他遮蔽自己，不显现自己。同时，他也被世界所遮蔽。

第七十一章

知不知，尚矣；不知知，病也。圣人不病，以其病病。夫唯病病，是以不病。

译 文

人知道自己不知道，这是优点；人不知道却自以为知道，这是缺点。圣人之所以没有缺点，是因为他把缺点当成缺点。正是因为把缺点当成缺点，所以人就没有缺点。

解 析

一、知。人知道自己不知道，就可能知道。这在于人能向未知的事物敞开，并能认识未知的事物。

二、不知。人不知道却自以为自己知道，就不可能知道。这在于人不能向未知的事物敞开，而不能认识未知的事物。

三、圣人。圣人知道自己不知，因此他自身向万物敞开，能够知道万物。

第七十二章

民不畏威，则大威至。

无狎其所居，无厌其所生。夫唯不厌，是以不厌。

是以圣人自知不自见，自爱不自贵。故去彼取此。

译　文

如果民众不畏惧治者的威权的话，那么治者大的威胁就要来临了。

不要逼迫民众的居住，不要压榨民众的生活。正是因为统治者不压榨民众的生活，所以民众不会厌恶统治者。

因此圣人知道自己但不显现自己，爱惜自己但不抬高自己。因此要去掉后者而保持前者。

唐·吴道子《老子像》（绘画刻石），江苏苏州玄妙观

157

论老子

解 析

一、威。威是威权、威胁等，是妄作。如果治者妄作的话，那么民众也会妄作。民众不害怕智者的妄作，而且会给治者带来更大的妄作。

二、治者和民众。如果治者迫害民众的话，那么民众就会反抗治者；如果治者爱护民众的话，那么民众就会拥护治者。老子要求治者无为而治，不要妄为而戕害百姓，而要让民众安居乐业。

三、圣人。圣人区分自己存在的边界。他一方面要合于道，另一方面要反非道。因此圣人知道自己但不显现自己，爱惜自己但不抬高自己。

　　勇于敢则杀，勇于不敢则活。此两者，或利或害。天之所恶，孰知其故？（是以圣人犹难之。）

　　天之道，不争而善胜，不言而善应，不召而自来，繟红然而善谋。天网恢恢，疏而不失。

译 文

　　那勇于刚强的人会死掉，那勇于柔弱的人会活着。这两种勇的情况有的有利，有的有害。天所厌恶的事情，谁能知道其缘故？（因此圣人都难于回答。）

　　天道是：不纷争但善于获胜，不言说但善于回应，不召唤但自动到来，坦然而善于谋划。天网是广大的，虽然稀疏，但没有漏失。

解 析

　　一、勇。勇是勇于作为，也就是能冒险作为，越过事物本性的边界去作为。老子对于勇敢进行了区分。有两种勇敢：勇于敢和勇于不敢。勇于敢是敢于越过事物存在的边界，是坚强，是妄为；勇于不敢是敢于不越过事物存在的边界，是柔弱，是无为。妄为凶，无为吉。

二、天道。天道在根本上是无为，故不争，不言，不召，但又无不为，一切自然而成。

三、天网。网是器具，能捕获游鱼飞鸟。天网是喻象，能网罗天下万物。道如天网，无处不在，无时不在，无为无不为。天网稀疏，是无为；天网不失，是无不为。人在天地之间就是生活在天网之中。天网时时处处看守着人。

第七十四章

民不畏死，奈何以死惧之？若使民常畏死，而为奇者，吾得执而杀之，孰敢？

常有司杀者杀。夫代司杀者杀，是谓代大匠斫，夫代大匠斫者，希有不伤其手矣。

译 文

民众是不畏惧死亡的，为什么人们要用死亡来威胁他们呢？如果要使民众常常畏惧死亡的话，那么我们就要将那些恶人抓来并杀掉，谁还敢作恶呢？

经常有管杀人的人去杀人。那代管杀人的人去杀人，就是代木匠去凿木，代木匠去凿木，很少有不伤及自己的手的。

解 析

一、死亡。死亡是生命的终结。人的死亡有自然死亡和人为死亡（如杀人）。治者用杀人来治理民众，但民众并不害怕杀人。这在于杀人是妄为，而妄为只能带来妄为。

二、杀人。司杀人者是天地。它杀人是合于自然规律的，如人因疾病而亡，因衰老而终，或因各种天气和地质灾害而丧失生命等。但代司杀者是人。当天地不去杀人的时候，人代替天地去杀人。代司杀者去杀人违反了本性，违反了自然，也就是妄为。其结果是伤人又伤己。

第七十五章

民之饥，以其上食税之多，是以饥。

民之难治，以其上之有为，是以难治。

民之轻死，以其上求生之厚，是以轻死。

夫唯无以生为者，是贤于贵生。

译 文

民众之所以饥饿，是因为其统治者贪食税收太多，因此饥饿。

民众之所以难以治理，是因为其统治者胡作非为，因此难以治理。

民众之所以轻视死亡，是因为其统治者追求丰厚的生活，因此轻视死亡。

唯有不把生命当成生命的人才超过珍视生命的人。

解 析

一、民。民众饥饿、难治、轻死，这些都是无道的表现。

163

二、上。民众无道在于治者无道。治者食税、有为、求生之厚导致了民众饥饿、难治、轻死。

三、生。以生为生，人们就会过于有为；不以生为生，人们就会消除有为达到无为。有为凶，无为吉。因此，后者超过前者。

《老子》（帛书），湖南长沙马王堆汉墓出土

第七十六章

人之生也柔弱，其死也坚强。

草木之生也柔脆，其死也枯槁。

故坚强者死之徒，柔弱者生之徒。

是以兵强则灭，木强则折。

强大处下，柔弱处上。

译　文

人活着时，其身体是柔弱的；死亡时，其身体是僵硬的。

植物活着时，其形态是柔脆的；死亡时，其形态是枯槁的。

因此坚强是属于死亡的一类，柔弱是属于生命的一类。

因此军队强争就会灭亡，树木强大就会折断。

强大是处于低下的，柔弱是处于上面的。

论老子

解 析

一、生与死。人和物都有生和死的现象。生和死是对立的。

二、柔弱与坚强。生是柔弱的，死是坚强的。草木生时有水气，故柔弱；死后无水气，故干枯。人生时有气血，故柔弱，死后无气血，故僵硬。一方面，老子从具体到抽象指出生与柔弱、死与坚强的关系；另一方面，他又从抽象到具体指出了它们之间的关系。

三、妄为和无为。刚强是妄为，是反道的，因此会死亡；柔弱是无为，是合道的，因此会生存。

第七十七章

天之道，其犹张弓与？高者抑之，下者举之；有余者损之，不足者补之。

天之道，损有余而补不足。人之道，则不然，损不足以奉有余。

孰能有余以奉天下，唯有道者。

是以圣人为而不恃，功成而不处，其不欲见贤。

译　文

天道岂不如同张开的弓箭吗？当弦位高时，人就压低它；当弦位低时，人就抬高它。多余的要减少，不足的要补充。

天道是减少有余而补充不足。人道却与之相反，减少不足的，补充有余的。

谁能够把有余的奉献给天下？这只有有道的人。

因此圣人作为万物但不依赖，成就事物但不居功，他不愿显露自己的贤能。

论老子

解 析

一、有余和不足。一个事物有其本性，因此有其边界和限度。这个边界和限度是自然天成的。有余是超过了这个限度，而不足则是未达到这个限度。

二、天道。老子将天道比喻成张弓，损有余而补不足。这种平衡是让物达到其自然本性，也就是让物符合自身的存在的限度。

三、人道。人道与天道的对立。人道反天道的平衡，减少不足的，补充有余的，而导致两极分化。这是妄为。

四、有道者。有道者是合乎天道的人。他能够把有余的奉献给天下，补充万物的不足，使万物能合于自己的本性而生长。

五、圣人。圣人自然无为。他让万物存在，而不支配万物；他自己有为，但不妄为。

第七十八章

天下莫柔弱于水，而攻坚强者莫之能胜，以其无以易之。

弱之胜强，柔之胜刚，天下莫不知，莫能行。

是以圣人云：受国之垢，是谓社稷主；受国不祥，是谓天下王。正言若反。

译 文

天下无物是比水更柔弱的，但却无物能超过它去冲击坚强的物体，这是因为无物可以替代它。

弱胜过强，柔胜过刚。这个道理，天下无人不知，无人能行。

因此圣人说：承受国家屈辱的人才能成为国家的君主；承受国家灾祸的人才能成为天下的君王。正面的话如同反面的话。

解 析

一、水。水虽然是最柔弱的，但也是最坚强的。它比天下一切坚强之物还要坚强。如滴水穿石等。

二、世人。人们虽然知道柔弱胜坚强的意义，但不能实践柔弱，而是坚守坚强。这在于人们还是认为刚强胜过柔弱。

三、圣人。圣人能看到事物自身所隐含的对立面：柔弱转化成坚强，坚强转化成柔弱。因此，承受国家屈辱的人才能成为国家的君主；承受国家灾祸的人才能成为天下的君王。

四、正言若反。正面的话如同反面的话，或者反面的话如同正面的话。这是悖论。如本章所说的耻辱就是光荣。其原因在于道与非道两种对立现象是同时并列的。

第七十九章

和大怨，必有余怨。（报怨以德，）安可以为善？

是以圣人执左契，而不责于人。有德司契，无德司彻。

天道无亲，常与善人。

译 文

当人们调和大的怨恨的时候，必然还有剩余的怨恨。（人们用恩德来报答怨恨，）这如何能为妥善呢？

因此圣人保存借据存根，但不向人索还债务。有德的人如同掌管借据一样，无德的人如同掌管税收一般。

天道没有亲情，但常常给予善人。

解 析

一、消除怨恨。怨是人对于他人的不满和仇恨。它源于人们为了实现自己的贪欲而产生的纷争。当人无法顺利地实现自己的贪欲时，他就会对

宋·法常《老子图》(水墨画)

于他人产生不满和仇恨。因此，怨恨是贪欲的产物，是妄为，是非道。调解怨恨固然是在消解纷争，克服非道，但却并不能彻底消除怨恨。这是因为一旦怨恨产生之后，就会引发怨怨相报，也就是复仇。但复仇之后又会制造新的仇恨。因此，调解怨恨有其局限。问题的关键在于人要没有贪欲，没有纷争。由此人无怨恨，无妄为。这样就不需要调和怨恨。

二、有德无德。有德者是得道者，对人宽厚；无德者是无道者，对人严厉。有德者没有私欲，且宽恕他人，不向人索取债务，故不会产生怨恨；而无德者则会怀有私欲，且苛求他人，向人索取钱财，故产生怨恨。

三、天道。天道本身无亲疏，也就是既非善，也非不善，超出了善与不善的对立。但天道亲近善人，因为善人是有道者，接受道。道远离不善人，因为不善者是无道者，拒绝道。

第八十章

小国寡民。使有什伯之器而不用，使民重死而不远徙。虽有舟舆，无所乘之；虽有甲兵，无所陈之。使民复结绳而用之。

甘其食，美其服，安其居，乐其俗。邻国相望，鸡犬之声相闻，民至老死，不相往来。

译 文

圣人要建立小的国家，居住少的国民。圣人让民众不使用各类器具，让民众重视生死而不迁移远方。虽然有车船，但人们不乘用它；虽然有武器，但人们不装备它。让民众回复到结绳记事的原始文明。

圣人让民众以其饮食为甘甜，以其衣着为美丽，以其居住为安宁，以其风俗为欢乐。即使邻国彼此相望，鸡犬之声相闻，民众从生到死也不相互往来。

论老子

解 析

一、小国寡民。与大和众肯定性语词相比，小和寡都是否定性的语词。小国寡民不同于大国和众民。这是老子的理想国。它在根本上就是反对妄为，而顺任自然，让人自由自在地生活在天地间。

二、无技。人要放弃技术，不使用各类器具和手段。这些手段既包括物质性的，也包括精神性的。当人没有各种技术手段时，人们也就无法满足自己的欲望了。

三、无欲。人要杜绝贪欲，知足常乐。人以其饮食为甘甜，以其衣着为美丽，以其居住为安宁，以其风俗为欢乐。

四、生活。人居于天地之间，要重视生死。这就是说，人要贵生，而不要轻死。这样人就要安居，而不要冒险。各国的民众从生到死也不相互往来。这意味着彼此没有欲求。人们既无交流，也无纷争，相安无事，顺道而存。

第八十一章

信言不美，美言不信。

善者不辩，辩者不善。

知者不博，博者不知。

圣人不积，既以为人已愈有，既以与人已愈多。

天之道，利而不害；圣人之道，为而不争。

译　文

诚信的言语不华美，华美的言语不诚信。

善良的人不争辩，争辩的人不善良。

智慧的人不博学，博学的人不智慧。

圣人不自私积物，他越是帮助他人，自己越是富有；他越是给予他人，自己越是增多。

天之道是利生而不害生，圣人之道是作为而不强争。

论老子

解 析

一、信与美。信是诚信。信言既是人对于事情本性如实表达的言说，也是人能信守并实现的言说。美是华美，夸饰。美言既不是对于事情本性如实表达的言说，也不是人能信守并实现的言说。因此，诚信的言语不华美，华美的言语不诚信。

二、善与辩。善既是一种合于道的行为：善巧，也是一种合于道的德性：善良。辩是争辩，是反对道而利于己的争辩，是妄为。因此善良的人不争辩，争辩的人不善良。

三、知与博。知是知道，是智慧。它知道天地人的大道，而大道是一，是自然无为。博是博学，是多知。它是关于万事万物的知识。而知识是多，是新知旧识。因此，智慧的人不博学，博学的人不智慧。

四、圣人与人。圣人越是无己，越是有己。他越是帮助他人，自己越是富有；他越是给予他人，自己越是增多。这在于，圣人与他人共生共荣。圣人给予他人，他人也会给予圣人。

五、天之道与圣人之道。它们不同于世俗的人之道，都是道自身的显现。天之道是自然之道，自身给予自身，生成万物，不伤害万物。天爱万物，因此天之道是爱之道。圣人之道沿道而行，顺天而为，不与人争夺。圣人爱众人，因此圣人之道也是爱之道。

第二部分

《道德经》论述

第一章 道

一、道的意义

道是老子思想的关键词，也是在《道德经》中使用最多的语词之一。老子主要阐释了道及其对立面——非道。这就是说，《道德经》的主要问题就是道和非道的问题。其他的问题都被这两个问题所规定。由此，老子给天地之间的人们指出一条正确的道路。正是因为如此，所以老子被称为道家，并成为道家思想的创始人。但什么是道的意义？其答案是多元的。中国人对于道有不同的解释，如道路、本根；西方对于道也有不同的翻译，如逻各斯、理性、生命、精神、意义等。对此我们一概不论，而只是分析道在汉语中的本义和在《道德经》中的意义。

道的本义是道路。它由一个地方延伸到另一个地方。道路有很多形态，如田野小路、高速公路等。这些道路并非以自身为目的，而是作为服务于人的手段。它为人所行走，让人从一个地方到达另一个地方。道路的产生有多种途径。有的道路是自然天成的，有的道路则是人工开辟的。

道路最初只是作为人在陆地上行走的路线，但后来演变为在其他地方的路线。如在水中的路线称为航道，在空中的路线称为航线。

但在中国古典思想文本中，人们所说的道基本上不是其本来的意义：人所行走的道路，而是其引申的意义。道的意义获得了多重性。

论老子

第一，道自身。道指存在。它是事物运行的道路。因此，道常常被理解为万物的本性、规律、本源、基础等。

第二，道理。道在此不是作为与思想不同的存在本身，而是作为已被思考的存在。这种道表现为思想形态，是一种关于真理的学说。如老庄之道、孔孟之道等。

第三，说道。道是说道。道成为了人的言说行为。这可以是关于道的言说，也可以不是关于道的言说。

第四，门道。道是方法、手段和技术。门道是通往道本身的门户。

在《道德经》中，道虽然有多种意义，如存在性的、言说性的等，但它最主要的意义是存在性的。在存在性的维度上，老子还区分了道的不同层面。

第一，道自身。道自身是存在的，同时也是天地万物的本源。老子除了用"道"这个语词之外，还使用了"常道"、"大道"等。常道是平常和永恒之道，大道是广大之道。道的本性是自然无为。自然是就肯定性而言；无为是就否定性而言。

第二，天之道、人之道、圣人之道。天人之道的区别在于：天道自然，人道人为。圣人之道虽然也是人之道，但是遵行天之道。

第三，有道和无道、非道。这是对于道在现实世界中的区分。有道是遵道而行，无道是逆道而为。

第四，可道之道和不可道之道。可道之道是可言说的道，不是常道；不可道之道是不可言说的道，才是常道。前者是非道，后者是道。

第五，道与德。与道相关的一个重要语词是德。德者，得也。德是道的实现和完成。德因此成为了事情的本性，亦即德性。德性在物身上就是物的物性；在人身上就是人的人性。老子还把德本身说成是玄德和常德。玄德是神秘的德，常德是平常和永恒的德。

在上述道的不同层面中，最重要的是老子关于道自身意义的阐释。但什么是道自身的意义？老子在《道德经》第一章对于道有一个简明的规定。"道可道，非常道；名可名，非常名。无，名天地之始；有，名万物之母。故常无，欲以观其妙；常有，欲以观其徼。此两者，同出而异名，同谓之玄。玄之又玄，众妙之门。"(1)① 这实际上是老子思想关于道的一个论纲。其中，有与无相关于道的存在；观相关于道的思想；不可道和不可名相关于道的言说。通过如此，老子标明了道与存在的关系、道与思想的关系、道与语言的关系。正是在这三重关系中，道将自身的意义揭示出来。

二、道与存在

1. 道与有

老子首先揭示了道与存在的关系。存在在汉语当中还有种种相似的语词，如在、有、物等。存在及其语言家族有多重意义，但最基本的有两种。其一，存在意味着有，而不是无。在这样的意义上，存在就是一个物。这个物在这里，或者在那里。它显现，或者遮蔽。其二，存在意味着本根、本源和开端，也就是一般所说的第一原因或终极基础。老子的道在存在性上也具备上述两种意义。它既意味着有，也意味着本根。

道是有，或者说，道存在。这在于，只要道是道的话，那么它就是存在的，而不是虚无的。虚无是不存在的，且不可思议和不可言说。如果说道不是虚无，而是存在的话，那么，道就如同物一样。老子说："有物混成，先天地生。寂兮寥兮，独立不改，周行而不殆，可以为天地母。吾不知其名，强字之曰道，强为之名曰大。"(25) 根据老子，道是先于天地而存在的。但是，它不同于一般天地间事物的存在模态，没有声音，没有形体，独立自在而不改变，循环运行而不衰亡。

---

① 本章及以后各章中《道德经》的引文的章节数目直接在引文后的括号内用数字注明。

论老子

  道虽然也是一个物，但不是一个一般的物，而是一个特别的物。道区别于一般的物，因此它的显现和一般物的显现迥然不同。老子如此描述道："道之为物，惟恍惟惚。惚兮恍兮，其中有象；恍兮惚兮，其中有物。窈兮冥兮，其中有精；其精甚真。其中有信。"（21）道看起来是似有似无，若明若暗，神秘莫测，但道却真实存在着，有物、有象、有精和有信。

  道作为物不是显现为多物或者万物，而是显现为一物，并因此是一。老子把道就等同于一。但何谓一？一既可以被理解为整体之中的一，也可以被理解为整体的一。这就是说，一既可以是一个，也可以是一切。老子

元·赵孟頫《老子像》（水墨画）

作为道的一既不是作为整体之中的一，如一个事物或一个存在者，也不是作为事物整体的一切，构成了许多一的集合。同时，它也不是贯穿于万物的某个元素，成为了它们的共同性质。

作为道的一是使事物成为可能的"统一"。这个统一是聚集的力量，它使事物统一于自身并成为统一体，从而获得自身的本性。只有得到道的一，天才成为了天，地才成为了地，万物才成为了万物。故老子说："天得一以清，地得一以宁。"（39）天地的万物得一能够生成。在此，清是天的本性，宁是地的本性，生是万物的本性。如果没有得到一的话，那么，天地万物将失去自身的本性，而不能成为天地万物。

于是，道作为存在不仅意味着它自身是存在的，而且意味着它是天地的开端和本源。

2. 道与无

老子不仅谈论了道的有，还谈论了道的无。无就是不存在，非存在。但无在老子那里具有多重意义。

第一，道的无。道作为有就是无。作为存在的道既不能理解为天地，也不能理解为天地间的万物。道只是道自身。如果道自身区别于天地及其万物的话，那么它自身就不是一个物；如果道自身不是一个物的话，那么它就是虚无。于是，道自身既是有，又是无。但道自身既不是绝对的有，也不是绝对的无，而是有与无的同一，亦即存在与虚无的同一。在这样的意义上，道亦有亦无，同时非有非无。老子不仅在有的维度探讨了道，而且从无的维度揭示了道。无并非是消极性的和否定性的；相反，它是最高的和最圆满的存在。

第二，物的无。老子所理解的道的存在即虚无和一般意义的有与无不可轻易混淆。按照惯常的理解，道的存在即虚无是形而上的，而一般意义的有与无是形而下的。形而上的存在即虚无超出了天地及其万物。老子认为天下万物生于有，但有生于无。这里的有就是无。但形而下的有与无却在天地及其万物自身之中。"三十幅，共一毂，当其无，有车之用。埏埴以为器，当其无，有器之用。凿户牖以为室，当其无，有室之用。故有之以为利，无之以为用。"（11）这里的车轮、器皿和窗户中的有与无是天地间万物之中的有与无。它们只是万物内自身的区分。有作为一个物，不同于一个作为缺失的另一物亦即无。无在此表现为空无。它看起来无用，但却服务于有，因此实际上是有用。

在上述无的意义中，道的无是根本性的，物的无是次要的。道的无规定了物的无。

但一般认为，无就是没有。无是不存在的、不可思议的和不可言说的。老子也深知道的无的本性。他认为道隐无名，道常无名。因此，常道是不可言说的，可言说的就不是常道。

尽管老子设定了道不可言说，但还是设定了道的存在，并同时设定了道亦有亦无的本性。正如有是万物的本源一样，无是天地的开始。这样，比起天地万物，无具有一种无比的优先性。

当人们言说无的时候，就已经陷入到一个困境。人们不是讨论一个不存在的、空洞的语词，就是把无变形为一种特别的形态的有来讨论了。老子当然也知道这种困境的可能性，但他还是要说无。老子是如何克服这种困境的呢？

一是回溯。道的无的本性虽然隐蔽自身，但是却显现于万物。因此，人们可以通过万物而回溯到无本身。老子说："天下万物生于有，有生于无。"（40）这里，万物是已有的在场者、显现者。它们能够直接被人所思考和言说。人们从万物可以回溯到有。有作为本源是万物的所来之处。然后，人们又从有可以回溯到无。这在于，有本身不是万物之一，因此自身就是无。同时，有作为生，不可能是从有到有，而只能是从无到有。从无到有才能生成。

　　二是否定。道作为无是遮蔽。一方面是道自己遮蔽自己，另一方面是道被万物所遮蔽。这样，道的无的本性就很难发现。如果人们要看到道的无的本性的话，那么就要通过否定，去掉道身上的遮蔽。老子说："为学日益，为道日损。损之又损，以至于无为。"（48）损就是减损，去掉遮蔽。为道是一个去蔽的过程。这种去蔽在语言表达上就体现为一系列否定词。如无、不、非、莫、弗等。正是通过否定，人们才可以洞见到道本身。

　　老子经验到道的虚无本性。"道冲，而用之或不盈。渊兮，似万物之宗；湛兮，似或存。吾不知谁之子，象帝之先。其上不皦，其下不昧。绳绳兮不可名，复归于无物。是谓无状之状，无物之象，是谓惚恍。迎之不见其首，随之不见其后。"（4）老子在此对道的描述分为空间性和时间性两个方面。在空间上，道是空虚的、无底的、无边的。因为道本身是空虚的，所以它是无底无边的。如果说道自身有一个底和边的话，那么道自身就是底，就是边，它没有其他事物作为自己的底和边。在时间上，人们不知道道是何物之后，似在天帝之前。这实际上确定了道自身就是开端，它没有之前之物作为自己的开端，而是作为后来之物的开端。

　　从上述可以看出，尽管作为道的无自身无法规定，但它却显现出来。它的显现活动不仅是与万物相区分，而且是与在万物之一的意义上的无相区分。因此无的显现正是它的否定，亦即对于万物的否定。然而，因为无不是作为某物去否定另一个某物，所以它实际上无法如同某物那样显现出来。这里不如说，它在自身的显现中自身遮蔽。

　　不过，无自身对于万物的否定是次要的，根本的是无对于自身的否定。只有在自身的否定之中，无才能成为无自身，否则它将成为万物之一的特殊形态，亦即与有相对的无。在无自身的自我否定中，无一方面保持了与自身的同一，另一方面也确定了与自身的差异。于是，无自身的否定正是无最本源性的生成。在这种意义上，无自身不是死之无，而是生之无，这样它才是道的本性。因为无是生成，所以天下万物生于有，有生于无；所以静极生动，形成万物。

但道的无的本性使其自身遮蔽。老子称之为玄德。德是道的实现和完成。玄德则是遮蔽的德性，相对于显现的德性。它是黑色的、不可见的。

3. 道与生

如果道既是有，也是无的话，那么道必须理解为生。生不是片面的有，也不是片面的无，而始终是有与无的同一、对立和转化。

一方面，无转化为有。于是，有不是从另一个有中生成出来，而是从无中生成出来，也就是从自身中生成出来。因此，它自身就是开端、基础和根据，排除了一个更本源的开端。

另一方面，有回归于无。有不固守于自身，停止于自身，而是在向无的回复之中开始了新的有的生成。只有通过有与无永远的同一、对立和转化，才有所谓的生生不息。在这种意义上，有与无的同一性成为了在自身之中的循环。

道自身的生成具体地表现在它创生万物。于是，老子认为道是天下母。道虽然不同于天地万物，但并不意味着与它们完全隔离。相反，道与天地万物发生关联。这种关联形象化为母子关系。道是天地之母。天地为道之子。母子关系在根本上是一种生育关系，也就是生育和被生育的关系。老子把道比喻成一个神秘的母性生殖器官。"谷神不死，是谓玄牝。玄牝之门，是谓天地根。"（6）道是虚无的，同时是神奇的。作为如此的道永恒生成。道如同神秘的母性生殖器官具有生育功能，它作为本源之地而生育了天地。

道生万物不同于神创造万物。在这种创世构想中，神或者上帝是创造者，万物是创造物。神和万物的关系是一种创造和被创造的关系。神创造万物并非从自身来创造万物，而是从无生有，或者是把一物变成他物。一旦创世过程完成之后，神和万物之间就发生了分离。神是神，万物是万物。神虽然创造了万物，但并非万物的本性。

道生万物也不同于一般人类的生产制造。在生产中，生产者是人，生产品是物。生产不是无中生有，而是把一物变成另一物。这就是说，人通过工具对一个现

唐·柳公权《德》（书法）

成的物进行加工、改造、赋形，使之成为一个可以供人使用的产品。一旦产品形成，它便脱离人自身。

但生育者和被生育者却是一种特别的关系。被生育者是从生育者自身生成出来的。道与天地万物的关系正是如此。天地万物是从道自身生成出来的。但道与万物的关系作为一种母子生育的关系只是一种比喻。道生万物，这无非表明道让万物按照自身的本性而生长。这也就是说，万物按照道的指引去存在。因此，道生万物就是道让万物生。在这样的规定中，道与万物的关系就不是一种主人和奴仆的关系。道给予了万物的自由。"大道泛兮，其可左右。万物恃之以生而不辞，功成而不有。衣养万物而不为主，可名于小；万物归焉而不为主，可名为大。以其终不自为大，故能成其大。"（34）道生成万物但不占有万物，但万物并不逃离而是归依道。这是道的生成的伟大之处。

4. 道与世界

从道生万物出发，老子描述了宇宙和世界的生成过程。"道生一，一生二，二生三，三生万物。万物负阴而抱阳，冲气以为和。"（42）

老子采用了一、二、三等的数字化的扩大和递增来说明世界生成的过

程。对此，人们有多种解释。一可以解释为开端，二可以解释为中间，三可以理解为完成。当然，人们还可以将一、二、三赋予更具体的规定，给予一个更具体的名称。一般认为，一是道本身或者是气，二是阴阳，三是阴阳的合一。但这种种解释可能陷入穿凿附会的错误境地。事实上，老子借助于一、二、三不过表明，道生万物是一个从简单到复杂、从单一到杂多的过程。

但在道生万物的过程中，除了道自身之外，还有德、物和势等都共同发生作用。因此，老子说："道生之，德畜之，物形之，势成之。是以万物莫不尊道而贵德。道之尊，德之贵，夫莫之命而常自然。故道生之，德畜之；长之育之；成之熟之；养之覆之。"（51）道是本源，德是道的实现，物是形态，势是势力和环境。尽管万物的形成依靠多种因素，但道是最根本的。道不仅生育万物，而且还培养它们，看守它们。

道生万物所形成的世界具有自身的结构。这个结构包括了不同的层面。老子从不同的层面描述了世界的结构。虽然老子并没有将世界结构的描述体系化，但为后来中国思想的关于世界结构的描述提供了基本的范式和重要启示。

第一，道或者无极。道在世界结构中是最高的，是开端，因此就是太极。但道作为根本的开端并非有，而是无，因此，道本身是无极。无极是开端，但它不是有，而是无。

第二，气。老子文本中的气既是人的生命之气，也是天地的自然之气。生命之气既是精气神中所说的气，也是呼吸之气。而自然之气是阴阳之气。但比起人的生命之气，天地的自然之气是更本源的。气是道的显现形态，它既有亦无。

第三，阴阳。阴阳是气自身最基本的区分，或者说是气自身最基本的两种性质。但阴阳不能混淆为有无。就存在维度而言，有无的同一性是道的本源性的规定，而所谓阴阳的同一性只是道的次要的规定。"万物负阴而抱阳"中的阴阳并不能等同于本源性的有无，不如说它们是在有中的进一步区分，亦即作为阳的有和作为阴的有，从而成为了有的两种模态。在阴阳的区分中，本源性的无被排除掉了。与此同时，作为无的有也隐而不现。但是有无的关系经常被阴阳关系所代替，这样道不是成为了有无之道，而是成为了阴阳之道。然而阴阳之道必须回复到有无之道中去。唯有如此，阴阳才能从有无的生成中获得力量，并成为有的两种模态。

第四，五行。老子用五行描述了色彩、声音和味觉，有五色、五音和五味之说。当然，老子并没有将将它们普遍化，而形成一个一般的范式。这就是说，老子还没有根据"金木水火土"的特性来将世界万物进行归类。

第五，万物。一切有而非无的存在者都可以称为物。但万物需要区分。虽然人也可以被称为一物，但人毕竟与其他物(矿物、植物、动物）不同，因此，物往往指人之外的物。这种意义上的物也有不同类型。朴是纯粹的自然之物。它是没有经过人加工的树木。与朴类似，素也是一自然之物。与它们不同，器则是人所制作的物。它是对于自然之物的改造。事则是人的活动，是人与自身和与万物打交道的事情。

第六，世界。世界是万物形成的整体。世界当然是由万物构成的。世界是万物的世界，万物是世界的万物。但世界可以区分为几个大的领域。老子认为世界中有四大，即天、地、人、道。"故道大，天大，地大，人亦大。域中有四大，而人居其一焉。人法地，地法天，天法道，道法自然。"(25)

老子的世界不同于西方的世界。老子的世界是天地人道，而西方的世界是天地人神。其区别在于，在天地人之外，老子的世界有道，西方的世界有神。老子的世界不仅不同于西方的世界，而且也不同于一般的中国的世界。老子的世界是天地人道，而一般中国的世界是天地人。老子的世界比一般中国的世界多了一个道。

老子世界中的四大究竟是什么关系？从人到地、从地到天、从天到道是一个被规定到规定的关系。在老子的世界中，道是最高的规定者，因此它没有在它之外其他的更高的规定者。道自己规定自己。这使老子的世界也不同于其他的世界。在西方的世界中，神是最高的规定者；在一般中国的世界中，天是最高的规定者。这使老子的世界既消除了神的统治，也避免了天的神格化。

5. 道的本性

道虽然有许多特性，但它的一个基本特性是自然。老子认为天地人要遵循道，而道不遵循其他任何东西，它只是遵循自然。但何谓自然？自然在汉语中主要有两个意义。它的一个意义是自然界。它是矿物、植物和动物所构成的整体。作为一个特别的动物，人甚至也包括于其中。它的另一个意义就是自然而然。这就是说，一个事物就是自己，是自己所是的样子。因此，自然就是自己的本性。在老子思想中，自然界的名字是天地万物，而自然则意味着自然而然和本性所是的样子。于是，当他说道法自然的时候，他不是认为道依据一个外在的自然界，而是强调道依据自身，遵循自身。为何如此？这是因为道没有一个比它更高的本源，而是自己为自己设立根据。作为如此，道的存在便是道法自身，亦即道法自然。在这样的意义上，道法自然就是道根据自身的本性去存在。

道法自然也意味着道常无为。为是人为，是非自然或者反自然。当道法自然的时候，它就是无为了。这里的无为不是不做任何事情，而是否定在违背大道的意义上的各种人为的行为。同时它也不能等同于任何片面的消极或者片面的非积极活动。它是道自身的自然而为，并且它让人和万物任其本性而为。因为这种无为是最本源的生成，是最高形态的有为，所以无为而无不为。自然是道的肯定性，无为是道的否定性。

当道法自然并无为的时候，它便表现为虚静。虚与实相对。实是已实现的，而虚是未实现的。但正是在未实现中包括了能实现的动力和源泉。

作为如此，虚是道的无的本性的一种形态。正是在虚中，道自身保持为自身，而不是自身之外的他物。道在成为虚的同时，也保持为静。这在于虚无的道不可能是动的，而只能是静的。宁静意味着道居住于自身，自身与自身处于同一之中。相反，躁动则是道的远离和失去。因此，老子强调静为躁君，并认为清静为天下正。

道也呈现为柔弱。柔弱是刚强的对立面。一般的观念是肯定刚强，否定柔弱。但老子却反对这种看法。它认为柔弱胜刚强。这是因为柔弱代表生命，而刚强代表死亡。

当然，道还有许多特性，但它们都有一个共同点，即相关于道自身存在即虚无的本性。如果我们强行将道的本性分为存在性和虚无性的话，那么老子所强调的不是存在性，而是虚无性。这在于，老子所说的虚无性的意义超过了一般的存在性，而存在性的意义相反不如虚无性。所谓自然、无为、虚静、柔弱都是源于道的虚无的本性。因此，老子的思想是以存在即虚无为本。

为了说明道的特性，老子使用了很多喻象。这里对其几个主要喻象作简要分析。

第一，谷。谷是山谷。与山峰相对，山谷是两山之间最低的地方；同时，与山体相对，山谷是空虚的地方。正是如此，它可以容纳溪水。而江海广纳百川，成为百谷王。谷的低下、空虚和包容正吻合道的特性。老子说"谷神不死"（6）。谷的空虚是神奇的、永恒的。老子要求人们要"为天下谷"（28），亦即自然无为。

第二，水。水是天地的基本物质形态之一。水主要呈现为液体。与土石等固态物不同，它往下流，处于低端。在天地间，没有什么比水更具有柔弱的特性了。但水也是最刚强的，最富有韧性的。于是，没有任何事物能够胜过水。此外，它自身没有生命，但却是生命之源。这样，它能成为道的一个喻象。老子说"天下莫柔弱于水，而攻坚强者莫之能胜，以其无

以易之"(78)。他又说:"上善若水。水善利万物而不争,处众人之所恶,故几于道。"(8)

第三,朴。朴是没有加工雕琢的树木。它是一自然之物,不同于人工之物。一个自然之物具有自然的本性。而道自身就是自然。因此,朴就是道的喻象。老子说"道常无名,朴"(32),又说"无名之朴"(37)。朴之所以无名,是因为它没有被人类加工,没有被命名。无名就是自然。

第四,雌。雌是阴性、母性,相对于雄,也就是相对于阳性、公性。在动物(包括人)中,与雄性的强大相比,雌性是柔弱的。这也切合了道的柔弱本性。老子说"天门开阖,能为雌乎?"(10)他还要求人们"知其雄,守其雌"(28)。

老子不仅把道比喻成雌性,而且还比喻成雌性的生殖器官,亦即玄牝。玄牝是生育之门,如同道是万物之门。老子说:"谷神不死,是谓玄牝。玄牝之门,是谓天地根。绵绵若存,用之不勤。"(6)

6. 道与矛盾

正是在对于道的存在作为虚无理解的基础上,老子展开了一般所说的辩证法的思想,亦即一种独特的关于事物矛盾的对立及其相互转化的思想。

道本身就是矛盾的统一体。老子认为道自身并非绝对的无,亦非绝对的有,而是无与有的统一。道既是无,也是有。它既有也无。老子还看到了道自身的对立以及道自身的远离和返回。他将道的这种矛盾特性称为"反"。老子说:"反者道之动"(40)。他又说:"大曰逝,逝曰远,远曰反。"(25)老子还说:"玄德深矣,远矣,与物反矣,乃至于大顺。"(65)反是反对、对立。反作为道的矛盾本性,不仅意味着道与万物对立,而且意味着道与自身对立。但反一方面是对立,另一方面是返回。这就是说,道的生成是远离自身并返回自身的活动。

但老子不仅揭示了道的矛盾，而且揭示了万事万物的矛盾。矛盾遍及天地万物，包括自然、社会、心灵等。一般事物的矛盾有：有无、阴阳、生死、长短、高下、多少、大小、前后、左右、正反、远近、直曲、轻重、静躁、难易、黑白、雌雄、牝牡、同异、清浊、寒热、刚柔、强弱、损益等。除了一般事物的矛盾，还有人类事物的矛盾。如真伪、美丑、善恶、正奇、巧拙、亲疏、利害、贵贱、福祸、荣辱、智愚、吉凶、是非、治乱、胜败等。

事物矛盾的两个方面虽然是对立的，但也是相互依存的。"天下皆知美之为美，斯恶矣；皆知善之为善，斯不善已。有无相生，难易相成，长短相形，高下相盈，音声相和，前后相随，恒也。"（2）如果矛盾的一方不复存在的话，那么它的另一方也就随同消失了。但如果矛盾的一方产生的话，那么它的另一方也就一起出现了。因此，天地间没有单独的矛盾的一方或者是另一方，而始终是矛盾的双方共同存在。

但更重要的是，矛盾的对立面不仅是共同存在的，而且也是相互转化的。在这种转化之中，事物从自己变成为了其对立面。"祸兮，福之所倚；福兮，祸之所伏。孰知其极？其无正也。正复为奇，善复为妖。"（58）"曲则全，枉则直，洼则盈，敝则新，少则得，多则惑。"（22）事物的发展之所以如此，是因为它自身作为矛盾的展开表现为一个过程，也就是从开端到终结，又从终结到开端，如此循环不已。

老子非常重视事物的这种转化，并认为它是事物发展过程中的必然。当一个事物最终走向否定性的时候，最先却呈现为肯定性的。"将欲歙之，必固张之；将欲弱之，必固强之；将欲废之，必固兴之；将欲取之，必固与之。是谓微明。"（36）这里的欲并不是人的意愿，尤其不是人的欲望，而是事物的变化的趋向。因此，这里的肯定和否定的变化不是人的阴谋，而是事物的规律。在否定性之前的肯定性，老子认为是事物自身微妙的征兆。这在于事物自身的肯定性包括了否定性，而否定性也包括了肯定性。

但老子更强调事物发展中的阴性、消极性和否定性，而不是阳性、积极性和肯定性。这是因为前者是事物的开端，而后者则是事物的完成。

　　然而，老子认为道自身的矛盾和万物的矛盾并非是同一的。道自身的矛盾，也就是有和无的矛盾能使道保持自身，但万物的矛盾却使万物自身始终要走向它的对立面。鉴于万物的矛盾的这一限度，老子要求人们必须放弃固守矛盾的任何一端，而超出矛盾。"是以圣人处无为之事，行不言之教；万物作而弗始，生而弗有，为而弗恃，功成而弗居。夫唯弗居，是以不去。"（2）圣人的言行是没有矛盾的。他不是克服事物已经存在的矛盾，而是远离任何矛盾，不会产生任何矛盾。在这样的意义上，老子关于事物矛盾对立及其转化的思想不同于一般的辩证法。辩证法认为事物的矛盾在对立统一的过程中最后能够被扬弃，而老子认为事物发展的最初就应该达到没有一般矛盾的道本身。

三、道与思想

　　在阐明道与存在的关系的同时，老子还揭示了道与思想的关系。道在自身的生成中必然走向思想。这是因为只有当道被思考的时候，它才能向人显明自身。因此，道最终要在思想中发生。但思想和道的关系并非是简明的，而是复杂的。老子意识到了思想和道的关系的特殊性。他一方面讨论了道是否可以被思考，另一方面指明了道如何能够被思考。

　　道显然不是感觉的对象。所谓感觉的对象是那些存在于感性世界中的存在者，它们能诉诸人的感觉器官，而成为一般所谓的感性认识的材料。道是一，但既不是整体中的一个部分，也不是一个整体自身。作为如此存在的道自身是虚无。它不存在于时空之中，不可能成为人感觉的事物，是不可见、不可听和不可触摸的。老子说："视之不见，名曰夷；听之不闻，名曰希；搏之不得，名曰微。"（14）这种对感觉的拒绝正是对于将道视为万物的整体或者万物之一的否定。反之，它要求将道理解为无自身。"复归于无物。是谓无状之状，无物之象，是为惚恍。"（14）对于作为虚无而存在的道，人们必须放弃感觉，超出感觉，寻找另外通达的道路。

同时，道也不是学识的对象。一般意义的学识、思想或者智慧都是背离道的，这在于它们是违反自然的，是人为的，甚至是虚伪的。老子认为，"智慧出，有大伪。"（18）这里的智慧不是道的智慧，而是一般人的智慧。它是人为的谋划和策略。人们沉溺于智谋，丧失了本来天性的淳朴。这种智慧只能误导人们，使其走到一条错误的道路上去。因此，圣人必须抛弃这种学识，使民绝圣弃智，无知无欲，从而让大道自身呈现。

老子认为一般意义的感觉和学识都不能把握道本身。除了感觉和学识之外，人凭借什么可以去体悟道呢？无论采用何种方式，人通达道自身的道路还是人的心灵本身。因此，问题的关键在于心灵如何。那么，人的心灵具有何种特性？老子将人的心灵比喻成一个神秘的镜子，即所谓玄鉴或者玄览。镜子虽然是一个物，是一个实体，在老子的时代甚至是一个金属物，但其本性就自身而言是空的、无的。正是因为镜子本身是无和空的，所以它能反映事物。如同镜子一样，心灵自身也是空无，也能映照万物。心灵并非心脏，不是有形的，而是无形的。比起有形的镜子，心灵是一个不可见的镜子，亦即神秘的镜子。

虽然这个心镜就其自身而言是干净和光明的，能映照万物，但事实上它又被污染而具有瑕疵。瑕疵有各种各样的类型及其原因，但最严重的是心灵的自身遮蔽和污染。这就是人们长期怀有的先见、偏见和成见。从此出发，人们去观察万物。虽然他们自以为看到了事物的本性，但实际上并没有看到事物的任何东西。于是，老子说："企者不立；跨者不行；自见者不明；自是者不彰；自伐者无功；自矜者不长。"（24）一切从自身意愿出发的思想和行为最终都是不可能达到其目的的。这在于自我的偏见阻碍了人理解和把握事物的本性。

论老子

因此，老子要求涤除玄鉴，使其无疵。由此人让心镜回到光明的本性，而能映照万物，与道合一。这种去掉遮蔽的过程不是一种增加的过程，而是一种减损的过程。前者是为学，后者是为道。老子说"为学日益，为道日损。损之又损，以至于无为。无为而不为"。（48）为学和为道都相关于人的心灵。心灵虽然本性是空无，但在现实中却被各种关于事物的知识所充满。对此，为道和为学的策略在根本上是不同的。为学就是要增多关于物的知识；为道就是要减少这种知识。为道不要博学，反而要达到无知。当然，为道的去蔽不仅要去掉物的遮蔽，而且要去掉人的遮蔽，也就是人自身的偏见和显见。老子强调"不自见，故明"（22）。去掉了自我的偏见，人的心灵才能达到光明。

心灵思考道的过程就是观道的过程。老子特别强调了观的意义。知道就是观道。一般意义的观是人用眼睛去看事物。但作为知道的观并非一般感官的看，而是心灵的看。一般的观可以区分为三种：盲目、意见和洞见。盲目是没有能力观看；或者是虽然有能力，但没有看到事物。意见作为一种观似是而非，它虽然看到了事物，但没有看到事物的本性。与上述不同，洞见作为观看到了事物自身的本性。观道的观不是一般的观看，而正是洞见。它看到事物的存在之道。但作为洞见的观不是逻辑推理，而是直观。逻辑推理是归纳和演绎，由前提得出结论。而直观则是直接看到了事物的本性。

老子所说的观还具有其他特别的意义。观不是外观，而是内观。外观是观察外在事物，内观是观察人的内在本性。人只有观察到了自己的内在本性，才能由此观察到外在事物，并观察到道本身。老子说："不出户，知天下；不窥牖，见天道。其出弥远，其知弥少。是以圣人不行而知，不见而明，不为而成。"（47）老子认为不是外观而是内观才能把握天道。这在于天道在内不在外。因此，向内才是遵道而行，向外则是背道而驰。所谓的圣人就不是一个外观者，而是一个内观者。

老子所说的观不仅是内观，而且是静观。静观不同于一般的动观，不是躁动不安的。相反，它克服了心灵的激动，而达到了虚静的境界。"致虚极，守静笃。"(16) 老子要求人们的心灵致虚守静。思想之所以要虚静，是因为思想的本性就是虚静。在虚静的思想中，人才能回到心灵自身。

如果人们将观置于内观和静观的基础上，那么就可以观物了。"万物并作，吾以观复。夫物芸芸，各复归其根。归根曰静，静曰复命。复命曰常，知常曰明。不知常，妄作凶。知常容，容乃公，公乃全，全乃天，天乃道，道乃久，没身不殆。"(16) 在人的虚静的思想中，万物回到了自身。回到自身就是回到根本。它是基础、根据。归根就是宁静。宁静就是和平、平安。万物回归根本就是居于自身，立于自身。复命是回到了万物的命根。因此复命也就是达到了永恒的道。人的思想知道了永恒的道就是明白。这就是说，真正的明白是明道，也就是明白事物的真理。一旦人明道，人就会具有道的特性：容、公、全等。这样，人就会与道合一。

观物的目的就是观察到事物的本性。对于天下的任何事物，老子反对从这一事物之外去观照它，而要求从这一事物自身去观照它。"故以身观身，以家观家，以乡观乡，以邦观邦，以天下观天下。吾何以知天下然哉？以此。"(54) 这里，所观的事物发生了变化，从自身扩大到天下。但观照自身的本性未变，就是如实观照。这就是说，人按事物如其所是的样子来观照它。

当然，事物的本性就是道自身。观物在根本上是观道。如果说到观道的话，那么就是以道观道。但道自身是无与有的统一，故以道观道实际上也是以无观无，以有观有。"故常无，欲以观其妙；常有，欲以观其徼。"(1) 从无来观道之无，就可以看到其奥妙；从有来观道之有，就可以看到其边界。这是以道观道的两种模态。正是在以道观道的过程中，道才能以自身而不是外物将自身呈现出来。以道观道就是知常。这就是知道了天下永恒和普遍的真理。知常曰明。因为人把握了永恒和普遍的真理，所以人获得光明的洞见和智慧。

在老子那里，物和道既是区分的也是相关的。同样，观物和观道既是区分的也是相关的。一方面，观可以从道到物；另一方面，观也可以从物到道。"天下有始，以为天下母。既知其母，以知其子；既知其子，复守其母，没身不殆。"（52）道与万物的关系被描述为母与子的关系。知道和知物也可以比喻成知母和知子。母子关系是一种生育关系。由于亲缘，他们之间存在家族相似。在母的形象上可以看到子的形象，同时在子的形象上可以看到母的形象。这里存在一种思想的循环：通过母知其子；通过子知其母。

四、道与语言

在论述道与存在、思想的关系同时，老子还揭示了道与语言的关系。道在汉语的中的意义是多重的，其中最主要的就包括了道路和言说两种。在老子的思想中，道也具有这两种意义。不过值得注意的是，道的两种意义在老子思想中不是合一的，而是分离的。这就是说，当道意味着道路的时候，它并不相关于语言。同时，当道表示言说的时候，它也不关涉道路。鉴于如此的区分，人们不能认为老子把道同时理解为道路和言说。

这实际上表明，道和语言之间存在一种无法克服的矛盾。道无法形成语言，它只是在语言之外。同时语言也无法表达道，它只能遮蔽道。

为何如此？这在于道的存在就是虚无。道不是一个物。但语言并非是道本身，而是属于天地之间的万物的一种。它一般理解为人言，是人的清晰的有音节的发声。同时，道是自然，语言是人为。人为之物无法表达自然之道。

于是，道自身是无名的。老子说："道常无名，朴。"（32）这意味着无名的道保持其自然本性。老子还说："道隐无名。"（41）这就是说，道遮蔽自身，拒绝被命名。

既然道不可言说，那么当道被语言所言说的时候，它就不再是自身了。老子说："道可道，非常道；名可名，非常名。"（1）可道之道不是常道，可名之名不是常名。在语言中显现的道只不过是一些似是而非的道。

尽管如此，人们依然试图去言说这无法言说的道本身。为什么？如果说道只是自身存在，或者只是在天地间存在，而不被思考和言说的话，那么这种道只是永远遮蔽，而没有对人敞开。这种道是没有意义的。如果说道存在且被思考，但没有被言说的话，那么这种道依然是朦胧的。只有当道存在且被思考并被言说时，它才能向人生成，并给人的世界指引道路。因此，虽然道不可言，但人依然要去言说那不可言说的道，让无言的道变成有言的道，让道从沉默中发声。老子的《道德经》本身就是对于不可言说之道的言说，而且自身也成了道自身的语言。

但语言如何言说道？这需要区分言说的形态。一般的言说无法敞开道，但有些特别的言说可以显示道。老子认为有如下几种。

第一，沉默的言说。基于道不可言说的本性，老子认为要不言。不言就是沉默无语，直接体悟自然之道。但这种情况极少。"不言之教，无为之益，天下希及之。"（43）但老子认为"知者不言。言者不知"（56）。一切圣人就是"行不言之教"（2）。他能顺任自然无为。如果人非要言说的话，那么他也不要多说。"多言数穷，不如守中。"（5）人要尽少言说。"希言自然。"（23）少说是合于事物本性的。人们还要尊重他所说的一切言语。这也就是贵言。

第二，否定的言说。相对于肯定性的言说表现为肯定的陈述句，否定性的言说一般就是否定的陈述句。老子之所以崇尚否定性的言说，是因为道首先是自身遮蔽和被遮蔽的。否定就是去掉遮蔽。关于道的否定句就是去掉道自身的遮蔽。老子的文本中充满了很多否定词，如无、不、弗、莫等。否定性的言说包括了多种形态，但主要有两种。一种是陈述的否定句，另一种是虚拟的否定句。前者是否定性的陈述，也就是说这不是一个事实；后者是一种否定的要求和命令，也就是希望人们不要这样或者那样去做。

第三，比喻的言说。虽然道本身的存在即虚无，不能表达，但语言还是要去言说不可言说的道。"吾不知其名，强字之曰道，强为之名曰大。"（25）为了表达道的本性，语言就必须借助于具体事物。这使老子关于道的论述充满了各种比喻的言说。他使用了许多喻象，如谷、水、朴等。比喻不在于其形象本身，而在于其外。于是，比喻的形象是可言说的天地万物，但它的意义却是不可言说的道本身。

第四，悖论的言说。因为道的存在性就是虚无性，肯定性就是否定性，它本身就充满了悖论。同时因为道与非道相对立，所以它们两者之间也形成悖论。悖论就是两种相对立的现象和论点，而且不可能被辩证法所扬弃和克服。道的悖论使关于道的言说必然违反日常语言的说法，而成为反言。老子说"正言若反"。这种反言在老子的文本中比比皆是。悖论是一种极端的语言表达。人们必须与日常语言相分离，才能理解悖论这种独特的言说。

第五，诚信的言说。老子强调言要真实，让语言成为信言。关于道的信言是一种关于无的语言。"道之出口，淡乎其无味，视之不足见，听之不足闻，用之不足既。"（35）它不是对于一般感性事物的描写，因此没有任何感性吸力。因为道的自然朴实，所以它和一般所说的美丽的言辞是不同的。"信言不美，美言不信。"（81）

第二章 无道

一、无道的意义

老子一方面论说道，另一方面也批判了道的对立面：无道和非道。无道和非道是对于道的否定。

按照老子的思想，道是普遍和永远存在的。既然如此，那么无道和非道的产生又是如何可能的呢？这在于道的存在即虚无，其本性自身是遮蔽和隐藏的。这导致人们与道失去了关联，并加剧了对于道自身的遮蔽和隐藏。于是，无道和非道便和道一样并行存在了。

事实上，人原初的现实给予性并不是道，而是自身的欲望。人的生命过程不过是欲望的冲动和实现的过程。为了满足自身的欲望，人必须采用和改进各种工具或者技术。欲望和工具虽然可能被大道亦即智慧所规定和为其所指引，但也可能出现一种危险，即成为大道的对立面，变成无道和非道。人们拒绝听从道，而喜爱无道。即使不是如此，他们也会认为道没有什么用处。相反，无道看起来是一个简明宽阔的大道。因此，老子说："大道甚夷，而民好径。"(53)

老子所说的无道或者非道大致包括四个方面：

第一，欲望。它特别是指超出了一般欲望边界的贪欲。

第二，技术。它特别是指远离事物本性的巧技和奇技。

第三，人道。它相对于天道，是人为，是大伪。它是人的一般道路。

第四，儒家。人道的思想有许多形态，但儒家是人道中的一个典型形态。它强调仁义。

上述数种非道形态都是反自然的妄为。

二、欲望

老子文本多次使用了"欲"字。但欲的语义不是单一的，而是多义的。老子文本中的欲基本上有两重意义。

第一，将要。如："将欲翕之，必固张之；将欲弱之，必固强之；将欲废之，必固兴之；将欲取之，必固与之。"（36）其中的欲就是将要的意思。

第二，欲望。如："见素抱朴，少私寡欲，绝学无忧。"（19）其中的欲就是人的欲望。一般而言，欲望是人想得到或者占有某种东西。

在老子思想中形成主题的欲是作为欲望的欲，而不是作为将要的欲。这两者不可混淆。老子在使用作为将要的欲的时候，欲只是一种中性的词；而在使用作为欲望的欲的时候，欲都是否定性的，而不是肯定性的。

作为人对于事物的渴望和占有，欲望与人的生存是与生俱来的。人活着就是其欲望的渴求和实现。欲望包括了一个结构。其一是欲望者。在老子这里就是人自身。其二是所欲物。所欲包括了天地间的一些事物，但主要是财、色、名等。其三是实现欲望的过程。这主要表现为获取、占有、争夺等。

如果人恪守欲望自身的边界，也就是合于自然的话，那么人就会是无欲和少欲，并让自己知足。与此相反，如果人的欲望没有道的指引的话，那么它就可能成为对人的控制。人不再是一个合于自然存在的人，而只是一个充满欲望之人，或者说，人就等同他的欲望。同时，一切物都失去了自身的意义，而成为了欲望物。于是人与物的关系就是欲望的关系，人与人的关系也变成欲望实现和争夺的关系。

在欲望实现的过程中，一方面是人的欲望自身追逐欲望的对象，另一方面是欲望的对象刺激人的欲望自身。欲望的追逐和欲望对象的刺激可以相互作用，而形成一个恶的无限。于是，欲望成为了无限的欲望。所谓无限的欲望便成为了贪欲。这种欲望不再只是一种合于自然的欲望，而是关于欲望的欲望，亦即关于欲望的意志。正是这种欲望的意志成为了无道，因为它不是人的存在的道路和道理。

金文"道"

在欲望不受限制的实现过程中，它一方面会给人带来快乐，另一方面却会给人带来危害。这在感官及其感觉的活动上的表现便是：感觉的对象支配了感官自身。不仅如此，感觉的对象甚至会破坏感官自身。因此，老子说："五色令人目盲；五音令人耳聋；五味令人口爽；驰骋田猎，令人心发狂；难得之货，令人行妨。"（12）不同的感觉对象会影响相应的不同感官，如：色彩和眼睛，声音和耳朵，味道和口舌等。此外，一些欲望的对象还会影响人的心灵和身体。更重要的是，贪欲不仅能够伤害人的感官及其感觉，而且能够毁灭人本身。欲望将人引向死亡之路，达到危险境地。

贪欲是人对于欲望之物的无限的渴求和占有。人力求获得，互不相让。这必然导致人与物争斗，并导致人与人争斗。这种争斗最终只能害人害己。老子说："罪莫大于可欲，祸莫大于不知足，咎莫大于欲得。"（46）欲望就是罪恶、过咎。这在于，当人对于自身欲望的限度的突破之后，他就破坏了自然和社会的法则，向他人争夺，并引发他人的反争夺。这种争夺必然带来伤害和死亡。

欲望固然是不道，但是它将自身看做道，并且也被人看成道，因此它能够在天下行走。"朝甚除，田甚芜，仓甚虚；服文彩，带利剑，厌饮食，财货有余；是谓盗夸。非道也哉!"(53)事实上，欲望的激发和满足正是世界之道。人的历史不过是对于食色的不断追求和实现以及由此引发的争夺和占取。

三、技术

在否定欲望的同时，老子还否定了工具和技术的意义。

人为了满足自己的欲望，必须借助技术。技术是欲望实现的手段，欲望则是技术的目的。

技术是人改造物所凭借的方法、能力和工具等。技术本身及其产物都不是自然的，而是人类的。技术是人类对于自然的加工、改造乃至创新。

人们把自然物进行改造，使之成为了器具。老子说："朴散则为器。"(28)作为原初的树木，朴是自然之物。但它经过人加工之后，则成为了器具，如人们看到的各种木器。在老子那里，物可以分成自然之物和人工之物。人工之物就是器或者器具。

器具作为人工之物不是自为的，而是为它的。它是手段，服从于人的目的。"三十辐，共一毂，当其无，有车之用。埏埴以为器，当其无，有器之用。凿户牖以为室，当其无，有室之用。故有之以为利，无之以为用。"(11)这里的物不是自然之物，而是人工之物，也就是广义的器具。物是有，其空是无。有是利，无是用。有的利是物建立的实体，无的用是空所发挥的作用。这里的有与无、利与用实际上是技术所建立的器具和它们对于人类所产生的效能。

在现实世界中，技术却被广泛地利用，而大道却并不流行。这是因为技术是欲望实现的手段，而道则是欲望的限定乃至否定。因此，如果从人的欲望出发的话，那么人将不是选择道，而是选择技。正是基于这样的理由，人们推崇技术。于是，技术便不断地被发明、改进、创新、推广。现实世界似乎就是依靠技术而存在和发展。

但在老子看来，技术在本性上是人为的，因此是违反自然的，也就是违反道自身的。虽然技术是不能全盘否定的，但它并不能解决天下已有的问题，相反只能产生更新的问题，而导致天下大乱。老子说："天下多忌讳，而民弥贫；人多利器，国家滋昏；人多伎巧，奇物滋起；法令滋彰，盗贼多有。"(57)

老子之所以反对技术，是因为技术在自然之外增加了人为。尤其是当技术无限发展的时候，它就会创造出无限的事物。这些事物就是些新奇之物。但这些物并非与人无关；相反，它成为了人的一部分，也就是成为了人的欲望之物。这些欲望之物是无限的，由此也激发了人的无限的欲望。这使人成为了无限的欲望之人。技术不仅改变了物，而且也改变了人。

技术固然满足了人的已有的欲望，但又刺激了人的新的欲望。技术和欲望的结合便推进了无道的横行。

四、人道

这种以欲望和技术结合的人类活动表现为人道，而与天道相对。天道是自然的，而人道是不自然或者是反自然的。

老子区分了天道和人道，也就是自然与人为。"天之道，其犹张弓与？高者抑之，下者举之；有余者损之，不足者补之。天之道，损有余而补不足。人之道，则不然，损不足以奉有余。孰能有余以奉天下，唯有道者。"(77) 天道和人道完全是背道而驰的。天道顺任自然，而且让事物能在补充和减损之中平衡发展。而人道则不然，它只是以技术为手段来满足人的欲望，而完全不顾事物之间的均衡，而使它们更加分化和对立。在此意义上，与天道相对的人道在本性上是无道的和非道的。

反对自然的人道也是反对虚静的，因此它是满足的。"持而盈之，不如其已；揣而锐之，不可长保；金玉满堂，莫之能守；富贵而骄，自遗其咎。"（9）事物的满足往往是事物自身的发展达到了其极限，这样，它便会走向其反面，而否定自身。

满足的事物同时也是躁动的。"重为轻根，静为躁君。是以君子终日行不离辎重。虽有荣观，燕处超然。奈何万乘之主，而以身轻天下？轻则失根，躁则失君。"（26）躁动是事物逃离自身本性的活动。而人的躁动则具体表现为远离道的规定，追求欲望和工具。人不断地实现自身的欲望并激发新的欲望，同时人也不断发明和采用新的工具。这便使人永远处于躁动不安之中。

无道还呈现为柔弱的对立面：强壮。"人之生也柔弱，其死也坚强。草木之生也柔脆，其死也枯槁。故坚强者死之徒，柔弱者生之徒。是以兵强则灭，木强则折。强大处下，柔弱处上。"（76）强壮看起来超过了柔弱，但事实上后者是合道的，而前者是无道的。老子认为，它们之所以如此，是因为在人和物的表现上，柔弱是生命的征兆，而刚强是死亡的特点。柔弱具有永远的生命力，而刚强则是生命力的丧失。因此，老子认为："善有果而已，不以取强。果而勿矜，果而勿伐，果而勿骄，果而不得已，果而勿强。物壮则老，是谓不道，不道早已。"（30）一个事物的发展达到其目的就应停止，而不应继续。超其目的就是强壮。强壮是事物的终结，而不是开端，故是违反道的。

这种反对自然天道的人道体现在个人身上就是自我。"企者不立；跨者不行；自见者不明；自是者不彰；自伐者无功；自矜者不长。其在道也，曰：余食赘形。物或恶之，故有道者不处。"（24）这里的"自"就是人自己。人自己处于自身之中，既看不见自己，也看不见外物。这就是自己对自己的蒙蔽。这个自身遮蔽的自己超出了自然。"企者"、"跨者"怀有强大的个人的意志，且是超自然的意志，而违反了自然本身。"自见"、"自是"、"自伐"、"自矜"者也是个人意志的极度表现，是反自然的妄为。他在凸显自己时刚好否定了自己。这些极端的自我行为是与自然无为背道而驰的。因此，有道的人亦即圣人要否定这些行为。

与天道的无为完全不同，人道是人为的，是有为的。不仅如此，人道的有为还发展到争夺。人们从自己的欲望出发，凭借工具的使用，而获得自身的利益。根据欲望来区分的争夺有多种形态。如为食欲而争，为性欲而争，还有为财产而争，为名誉而争等。根据工具来区分的争夺也有多种形态。如日常的口头之争、国家的制度之争等。

在一种极端的情形中，争夺还变成了战争。战争是无道的典型形态。人从自己国家的利益出发去争夺其他国家的利益，使自身的欲望变形为贪婪和仇恨，使效劳的工具专门化为杀人的武器。"天下有道，却走马以粪。天下无道，戎马生于郊。"（46）从有道到无道，工具或者器物自身的性质发生了根本性的变化。工具在有道时服从于和平的生活，在无道时成为战争的帮凶。

但战争的工具是杀人性命的，是凶恶的。"夫兵者，不祥之器，物或恶之，故有道者不处。"（31）战争的工具是服务于无道的工具，故只有无道者用之，而有道者则弃之。"以道佐人主者，不以兵强天下。其事好还。师之所处，荆棘生焉。大军之后，必有凶年。"（30）由此看来，老子并不主张战争，而是坚决反对战争。《道德经》既不是关于战争的兵书，也不是关于人际关系的阴谋术。

五、儒家之道

毫无疑问，不仅道家，而且儒家也会反对无道或者非道。但儒家之道是真正的道吗？对于老子而言，只有他所主张的道家之道才是真正的大道，而儒家之道并不是道本身，而是无道和非道。

与道家主张的道不同，儒家主要是倡导仁义。老子揭示和梳理了道德仁义之间的关联和演变。"上德不德，是以有德；下德不失德，是以无德。上德无为而无以为；下德无为而有以为。上仁为之而无以为；上义为之而有以为。上礼为之而莫之应，则攘臂而扔之。故失道而后德，失德而后仁，失仁而后义，失义而后礼。夫礼者，忠信之薄，而乱之首。前识者，道之华，而愚之始。"（38）

道是天地的根本。它是自然无为的。德是道的实现，尤其是在人身上的实现。它是人的德性、德行和品德。仁是仁爱。它是人对于他人的爱。义是正义，公正合宜。它会成为人的义务。礼是社会上下等级秩序的规定。它成为人的言行的强制要求。

从道经德、仁、义到礼的过程，是自然到人为的过程，是天道到人道的过程。其中，一方面是大道的丧失，另一方面是欲望和技术的增长。

为什么所谓仁义之道是非道？这是因为它们是大道毁灭后的产物。"大道废，有仁义；智慧出，有大伪；六亲不和，有孝慈；国家昏乱，有忠臣。"（18）如此看来，儒家的道德仁义往往是无道的伴随者。固然仁义之道与无道相区分，并试图克服无道，但它却始终和无道不可分离。儒家之道与无道有复杂的关联。

一方面，仁义之道遮蔽和掩盖了人的无道，它使人回避它和忘却它。六亲不和导致孝慈，国家混乱产生忠臣。但人们只是注意到孝慈和忠诚，而没有看到六亲不和与国家混乱。

另一方面，仁义之道又诱惑了无道，激发了人的罪恶。因此，仁义之道不能完善人性，只能败坏它。于是仁义的善却成为了它的恶，它的动机和它的结果正好完全相反。它以假充真，同时以假乱真。问题的症结不仅在于无道以有道的假象出现，而且在于人们没有觉察到这种假象。

儒家之道和道家之道相比：前者是人为之道，后者是自然之道。就道德仁义自身的顺序而言，儒家是仁义道德，仁是主导性的。仁义规定了道德；道家是道德仁义，道是主导性的。道德规定了仁义。

第三章　遵道而行

一、悖论

在人的面前，事实上呈现两条道路。一条是道，它通向生命；另一条是无道，它通向死亡。遵道而行就是要否定无道而肯定道。

老子将道与无道之间的矛盾尖锐地凸显出来。在道看来，道是道，无道是无道；但是在无道看来，无道是道，道是无道。这样便形成了一种极为典型的老子的语言表达方式。它一方面是同一性的，另一方面是悖论性的。作为语言悖论，"道是无道"这种语言表达式支配了老子的整个文本。但老子的悖论实际上包括了三个方面：

第一是道自身的悖论。道自身是有和无的生成；

第二是无道自身的悖论。无道是自相矛盾的，并因此是自身消解的；

第三是道与无道的悖论。道与无道构成了真与假的对立和斗争。

第一种是道自身的悖论。首先是道的存在的悖论。道既是无，也是有。道既非有，也非无。"无，名天地之始；有，名万物之母。"（1）这就是说，有就是无，无就是有。有无的悖论表达的是生成的现象。只有通过有和无永远的对立和转化，才有所谓的生生不息。在这种意义上，有无的悖论不可如同矛盾那样被辩证法克服和扬弃。

其次是道的思想的悖论。道在存在的维度中的悖论也导致了在思维的

209

维度中的悖论，亦即"知道"的悖论。真知就是无知。一方面，思想一般是关于某物或者万物的思想，它只知有而不知无，所以它无法思考道自身；另一方面，道自身由于不是某物，而是无和作为无的有，因此也拒绝让自身被思考。为了思考道自身，思想必须否定自己，知成为无知，但是这里的无知刚好成为了真知，亦即"涤除玄览"（10），达到了道自身的无与有。于是思想"常无，欲以观其妙。常有，欲以观其徼"（1）。知道一方面是知有，另一方面是知无。

最后是道的言说的悖论。在存在和思维维度中的悖论也形成了言说维度中的悖论，亦即"说道"的悖论。真言就是无言。"道可道，非常道，名可名，非常名。"（1）道不可言说，可言说的不是道。这是因为道自身拒绝被陈述为某物；相反，某物则是可以被陈述的。一般而言，语言符号包括了能指和所指的二元对立，而且任何一个陈述句中的能指都有一个所指，反过来，一个所指也能要求一个能指。如果这样的话，那么道是不可表达的，因为道没有所指，它只是无本身。不过，道不是所指，却是一个纯粹的能指，它拒绝陈述的语言表达，却不放弃显现的语言言说。因此"道可道，非常道，名可名，非常名"否定了语言对于道的陈述的现实性，但它也敞开了道自身言说的可能性，亦即它作为纯粹语言只是言说自身，它是一个没有所指的能指的游戏。对于语言来说，它的天命就是去说那不可言说者。因此道虽然不可说，但是人要说不可说的道。

第二种是非道的悖论。老子不仅揭示了道自身的悖论，而且也揭示了无道的悖论。如果说前者是真理的悖论的话，那么后者则是谎言的悖论。真理的悖论是有无的生成，但是谎言的悖论只是作为这样一种现象，它始终是它自身的对立面，亦即它显现为道，然而它在根本上却是非道，因此它是假象。无道是对于道的否定，"大道废，有仁义"（18）。儒家将仁义作为道。但所谓的仁义之道实际上不是道自身，它是大道毁灭后的产物。尽管它声称自身为道，但它在实质上是非道。

第三种是道与非道的悖论。老子在揭示道自身的悖论和非道自身的悖论的同时，将道与非道之间的悖论尖锐地突出出来。

在道看来，道是道，非道是非道，非道"虽智大迷"（28）；但是在非道看来，非道是道，道是非道。道看起来如同非道，但非道看起来如同道。从道本身来看，道是一种现象；从非道来看，道是另一种对立的现象。得道之人也就是如此。他的耻辱就是他的光荣；反之，他的光荣就是他的耻辱。"受国之垢，是谓社稷主；受国不祥，是谓天下王。"（78）

因此这便形成了一种极为典型的语言的悖论："正言若反。"（78）正面的话如同反面的话，反面的话如同正面的话。例如：道是非道，德是非德，物是非物。在这种语言表达式之中，主语是就道而言，表语是就无道而言。于是主语和表语实际上在同一的语言表达式中代表了两种完全相反的观点。

在道和非道的这种极端的悖论形态中，道的本性在于否定这种非道，亦即拒绝一般的道，"绝圣弃智，绝仁弃义，绝巧弃利"（19）。圣智、仁义和巧利一方面掩盖了人的欲望，另一方面引诱人的欲望，它不过是一种以真理形态出现的谎言，由此对于它们的弃绝正是从谎言到真理回复的开端。基于这样一种理解，天地和圣人的本性就是不仁，"天地不仁，以万物为刍狗；圣人不仁，以百姓为刍狗"（5）。这种不仁绝不意味着一种非人道主义，从而主张毁灭人性；相反，它不如说是意识到并且反对所谓仁义这种人道主义自身所包含的悖论，亦即它始终是欲望的伴随现象，由此它将导致自身的瓦解，于是不仁是对于这种仁义的超出。在对于仁义的否定之中，思想到达道自身，唯有这个道才能让万物和人在有无之变中生生不息。

因此，老子也要求人们过一种悖论的生活。"为无为，事无事，味无味。"（63）为、事、味都是人的活动，而无为、无事、无味都是自然的本性。"为无为，事无事，味无味"，这都是悖论性的表达。它看起来自相矛盾，但事实上是要求人的行为合乎自然之道。这就是说，人要合道而为，不要非道而为。这种悖论的生活就是要遵循道，远离非道；任自然，无妄为。

二、无欲

人要无为，就要无欲。

人无法否认生存的欲望。问题的关键在于：人不要被欲望所控制，而是去控制欲望。遵道而行就是以道制欲，也就是无欲、寡欲或者节欲。

为了实现以道制欲，人要能够意识到自身欲望的边界。唯有如此，人才知道哪些欲望是可以满足的，哪些欲望是不可以满足的。老子说："虚其心，实其腹，弱其志，强其骨。常使民无知无欲，使夫智者不敢为也。"（3）在此，老子强调对于欲望进行区分，亦即划定欲望的边界。心与腹、志与骨虽然都是人的身心整体的一部分，但存在根本的差异。它们之间实际上是人为和自然的分别，亦即人为的和自然的欲望的分别。自然的欲望是身体性的，如腹和骨等。它是一种生理现象，合于自然本性，是自然而然的。这样，实其腹、强其骨便是沿道而行。相反，人为的欲望在根本上由人作为而出，是人的心和志的产物。而且这里的心和志主要被理解为违背自然和反对自然，亦即背道而驰。在此意义上，人必须虚其心，弱其志。

因为人的合于自然的欲望是有限的，所以它是容易满足的。老子说："罪莫大于可欲，祸莫大于不知足，咎莫大于欲得。故知足之足，常足矣。"（46）知足正是对于人的欲望的边界的意识，并使自身恪守在这一边界之内。

以道制欲一方面是满足边界之内的欲望，另一方面是否定边界之外的欲望。不欲是对于边界之外的欲望的压抑，同时正好保证了边界之内的欲望的满足。

作为欲望的否定，不欲或者无欲是一个过程：首先是欲无欲，其次是无欲，最后是无，亦即无为。

在欲无欲中，人面对着自身的欲望并形成一种对立的关系。人固然试图消灭欲望，达到无欲，但这种消灭欲望本身仍然是一种欲望。于是，一种欲望和一种无欲的欲望形成了一种抗争。这会导致身心的分裂和痛苦。

但在无欲中，人要无欲的欲望逐渐消失。无欲虽然没有了欲望自身，但无作为否定仍然面对它所否定的对象，也就是欲望。欲望在无欲中是以遮蔽的形态出现的。

只是在绝对的无中，欲望的痕迹才彻底被排除掉。人居于绝对的无之中，也就是居住于道之中。因此这种对欲望的否定同时意味着是对于道的回归。

三、无技

人要无为，不仅要无欲，而且也要无技。这就是说，人遵道而行时，不仅要限定甚至否定欲望，而且也要抛弃工具和技术。

老子认为工具和技术不仅满足了人的欲望，而且也刺激了人的欲望。它是人远离大

元·王蒙《青卞隐居图》（水墨画）

213

道的助推器。为了行走在大道上，人就要最大限度地减少对于工具的依赖。"小国寡民。使有什伯之器而不用；使民重死而不远徙。虽有舟舆，无所乘之，虽有甲兵，无所陈之。使民复结绳而用之。甘其食，美其服，安其居，乐其俗。邻国相望，鸡犬之声相闻，民至老死，不相往来。"(80)在老子大道流行的理想国里，工具和技术已经失去了根本意义。在此，工具不仅包括了物质工具，而且包括了文化工具。老子要求人们放弃一切工具，既包括了物质的工具，也包括了文化的工具。

对于文化的工具，老子作出了更严厉的批判。"绝圣弃智，民利百倍；绝仁弃义，民复孝慈；绝巧弃利，盗贼无有。"(19)圣智、仁义和巧利之所以妨碍大道，是因为它们一方面掩盖了人的欲望，另一方面引诱了人的欲望。它不过是一种以真理形态出现的谎言。由此，对于它们的弃绝正是从谎言到真理，亦即回复大道的开端。

当然，老子也并非绝对反对技术或者工具。正如他区分了不合于自然之道的欲望和合于自然之道的欲望一样，他也区分了不合于自然之道的技术和合于自然之道的技术。老子不仅肯定了合于道的欲望，而且肯定了合于道的技术。他称之为善的活动。"善行无辙迹；善言无瑕谪；善数不用筹策；善闭无关楗而不可开；善结无绳约而不可解。"(27)这里的善不是道德中与恶相对的善，而是技术里与拙相对的巧。人们无须借助于工具而能完美地完成某种目的。在此，人们由技达道。

四、不争

人无为也意味着不争。

人们为了满足自己的欲望，就必然去争夺。人使用工具，就会强化这种争夺。老子主张遵道而行，无欲和无技，因此，他也反对争夺，要求不争。

不争实际上是道自身的本性。"上善若水。水善利万物而不争，处众人之所恶，故几于道。"（8）老子认为道如同水一样，其本性就是不争。水能让万物生长而不争夺生存。老子的不争的核心就是无欲和无技。"不尚贤，使民不争；不贵难得之货，使民不为盗；不见可欲，使民心不乱。"（3）但人没有欲望和不追求满足欲望的手段时，他就不会和他人产生争斗了。

但不争并非无能，而是大能。"夫唯不争，故天下莫能与之争。古之所谓曲则全者，岂虚言哉！诚全而归之。"（22）为何如此。这在于当人们争夺的时候，就必然产生胜负成败，并且会导致永远的复仇。在无限的争夺之中，人们不可能成为永远的胜者。相反，当不争的时候，人们就没有胜负，而能自然无为。

老子认为争夺和不争不是简单的对立，而是相关于死亡或者生命。"勇于敢则杀，勇于不敢则活。"（73）争夺是非道的，会带来死亡；不争是合道的，会走向生命。

正是因为主张不争，所以老子反对取天下。"将欲取天下而为之，吾见其不得已。天下神器，不可为也，不可执也。为者败之，执者失之。是以圣人无为故无败，无执故无失。"（29）取天下是妄为，是违反自然之道的行为。因此，取天下最后也只能导致失败。正是基于这一原因，圣人无为无执，亦即不争。

从不争出发，老子否定战争。战争是纷争的极端形态，也是无道的极端形态。它实际上来源于欲望和技术。于是，和平与战争就是有道和无道的一个表现形态。"天下有道，却走马以粪；天下无道，戎马生于郊。"（46）

老子认为战争的本性是杀人，屠杀生命。"夫兵者，不祥之器，物或恶之，故有道者不处。君子居则贵左，用兵则贵右。兵者不祥之器，非君子之器，不得已而用之，恬淡为上。胜而不美，而美之者，是乐杀人。夫乐杀人者，则不可得志于天下矣。吉事尚左，凶事尚右。偏将军居左，上将军居右，言以丧礼处之。杀人之众，以悲哀泣之，战胜，以丧礼处之。"（31）战争是杀人的活动，在整个社会生活中只具有否定性的意义，而不是肯定性的意义。因此，人们不能肯定它，而要否定它。

既然战争在本性上是非道的，那么老子要求人们意识到战争的危险性。"以道佐人主者，不以兵强天下。其事好还。师之所处，荆棘生焉；大军之后，必有凶年。"（30）人们不能用战争称霸天下。这是因为战争作为杀人的活动会带来灾难。这中灾难既会带给敌人，也会带给自己。

当然，在现实世界中，人们追求欲望，而且追求满足欲望的手段，就必然和他人产生纷争。这样，战争也是不可避免的。但老子认为，即使在战争这种极端的争夺中，人也要遵守不争之德。"善为士者，不武；善战者，不怒；善胜敌者，不与；善用人者为之下。是谓不争之德，是谓用人之力，是谓配天古之极。"（68）一般人主张武和怒，但老子主张不武不怒。唯有不争，人才能克服争夺。

老子把这种不争之德也落实到具体的用兵策略：退让。"用兵有言：吾不敢为主，而为客；不敢进寸，而退尺。是谓行无行；攘无臂；扔无敌；执无兵。祸莫大于轻敌，轻敌几丧吾宝。故抗兵相若，哀者胜矣。"（69）退让不是无能，而是强大。因此，退让带来的不是失败，而是胜利。人要以不争去争，以争达到不争。

五、行道

对于欲望的限定和工具的抛弃是对于无道的否定，这是遵道而行的一个方面，它的另一方面则是对于道的经验和实践，也就是修道、行道和为道。

人在修道的时候，首先要知道人自身。人不是一个孤独的存在者，而是生存在世界之中。人在世界之中就是在天地之间。"故道大，天大，地大，人亦大。域中有四大，而人居其一焉。人法地，地法天，天法道，道法自然。"（25）人为天地所生，并伴天地而生。人生天地之间，并且被道所规定。

但人自己是谁？或者谁是人自身？人自身意味着人是自己，不是他人，不是天地。人自身的身体是人自身存在直接的显现形态。人的身体受之于父母，也受之于天地。因此，身体是天生的。可以说，人的身体就是自然赋予的形体，是人自身的自然。

身体的存在是人的生理、心理现象的基础。"宠辱若惊，贵大患若身。何谓宠辱若惊？宠为下，得之若惊，失之若惊，是谓宠辱若惊。何谓贵大患若身？吾所以有大患者，为吾有身，及吾无身，吾有何患？故贵以身为天下，若可寄天下；爱以身为天下，若可托天下。"（13）人正是身体性的存在，才会有肯定性或否定性的生理和心理感受。因此，身体是人的根本。人要爱惜自己的身体。只有当人爱惜自身的身体，人才能爱惜天下万物。

既然身体是人的根本，那么比起身外之物，也就是天下万物，身体才是最重要的。"名与身孰亲？身与货孰多？得与亡孰病？甚爱必大费；多藏必厚亡。故知足不辱，知止不殆，可以长久。"（44）身体高于名声和财产。人过多地追求名声和财产就会损害自身身体和生命。只有当人意识到欲望满足限度的时候，人才能保住自身的身体，也就是保住自身的生命。

身体是什么？虽然身体包括了肉体，但并不等于肉体，而是肉体和心灵的合一。此外，身体还包括了气。因此身体是精气神三者的合一。但老子认为身体中的肉体和心灵具有不同的意义。肉体是自然性的，而心灵是人为性的。"是以圣人之治，虚其心，实其腹，弱其志，强其骨。"（3）同样在肉体自身，不同的部位和器官也有不同的意义。腹部是自然性的，眼睛是人为性的。"是以圣人为腹不为目，故去彼取此。"（12）除了肉体和心灵，老子还强调了气，并认为人要聚集生命之气。

论老子

当人和天地万物相区分的时候，人是一个身体性的存在，相对于非身体性的万物；当人与人相区分的时候，人是自己，相对于非自己的他人。老子指出，人除了要认识在天地间的一般性的物之外，还要认识自己和他人。

如果人要认识自己的话，那么人就不要被自己所蒙蔽。但当人只是从自身出发，而不是从世界出发的话，那么他只能遮蔽自己和世界。"企者不立；跨者不行；自见者不明；自是者不彰；自伐者无功；自矜者不长。其在道也，曰：余食赘形。物或恶之，故有道者不处。"（24）一个囿于自己的人，就阻断了和天地万物的交流，就断绝了和道的沟通，因此他自身就不可能长久。

只有当人不自我遮蔽的时候，他才能认识自己和他人，才能和天地万物为一体。于是，他能够最后成就自己。"不自见，故明；不自是，故彰；不自伐，故有功；不自矜，故长。"（22）这在于，天地万物都成为了人自身的一部分，从而充实了人自身的生命。

老子认为，比起知道他人，知道自己是更重要的事情。"知人者智，自知者明。胜人者有力，自胜者强。"（33）这是因为人要超出自己，把自己变成自己认识和实践的事物。

但是，老子强调人不仅要认识了自己，而且也要认识他人，并且要知道我和他人的差异。一个修道者不是一个一般的人，而是一个特别的人。这要求修道者和非修道者相区分。老子所说的众人不是修道者，而我正是修道者。众人和我有何不同呢？"众人熙熙，如享太牢，如春登台。我独泊兮，其未兆；沌沌兮，如婴儿之未孩；累累兮，若无所归。众人皆有余，而我独若遗。我愚人之心也哉！俗人昭昭，我独昏昏。俗人察察，我独闷闷。众人皆有以，而我独顽且鄙。我独异于人，而贵食母。"（20）这描述了我和众人的种种对立现象。它们无非表明，众人沉溺于世界的非道的生活之中，充满贪欲并追求满足贪欲的手段。而我则尊重道，按照道的规定去生活。虽然一个修道的人在无道的世界中看起来是愚蠢的，但就他自身而言却具有超凡脱俗的伟大风貌。一个为道人凭借什么和众人区分出来呢？不是凭借他的其他特性，而是凭借道。

一个修道者一方面要修正自己，另一方面要认识和践行大道。这就是说修己和修道是一个事物的两个方面。

第一，人要闻道。如果人们要修道的话，那么首先就要闻道。道虽然是自然之道，但也必须通过圣人之口被言说出来，而获得语言的形态。"执大象，天下往。往而不害，安平太。乐与饵，过客止。道之出口，淡乎其无味，视之不足见，听之不足闻，用之不足既。"（35）虽然道不同于一般的物质和文化产品能吸引人，但对于人的功用却是无与伦比的。因此，人要闻道。虽然道听之不足闻，但人就要听之。听不可闻之道，这需要修道者具有非凡的听力。

第二，人要思道。人在闻道的同时也是在思道。这是因为闻道本身需要区分、比较和选择等思考。思道就是理解道的意义，理解道对于世界和人的重要性。"道者，万物之奥。善人之宝，不善人之所保。美言可以市尊，美行可以加人。人之不善，何弃之有？故立天子，置三公，虽有拱璧以先驷马，不如坐进此道。古之所以贵此道者何？不曰求以求得，有罪以免邪？故为天下贵。"（62）人要尊重道。这是因为道是天地间最珍贵的，高于人世间的一切。

第三，人要修道。老子区分了三种对于道的态度。"上士闻道，勤而行之；中士闻道，若存若亡；下士闻道，大笑之。不笑不足以为道"。（41）上士不仅闻道，而且行道，与道合一；中士闻道似是而非，所闻之道若有若无；下士则完全否定和拒绝听从道的召唤。上士的闻道不仅是倾听道，而且是听从道。因此，唯有上士是真正的闻道者、思道者和修道者。

但修道者是如何去修道的呢？修道的关键是人与道合一。"载营魄抱一，能无离乎？专气致柔，能如婴儿乎？涤除玄鉴，能无疵乎？爱国治

民，能无为乎？天门开阖，能为雌乎？明白四达，能无知乎。"(10)

人自身是精、气、神的统一体。人修道就是修炼精、气、神。人的修炼一方面表现为一种否定的过程，也就是排除对于精、气、神各种形态的遮蔽和污染。它另一方面也是一种肯定的过程，也就是开启出精、气、神自身纯粹的本性，并且让精、气、神三者合一。当然，修道者并不只是固守于自身；相反，他通向人和天地。因此，修道者也与他人同在，与天地同在。

第四，人要证道。人通过修道而体道。体道是人亲身体验或者是亲证道的生成。这发生在身心合一的虚静之中。"致虚极，守静笃。万物并作，吾以观复。夫物芸芸，各复归其根。归根曰静，是谓复命。复命曰常，知常曰明。不知常，妄作凶。知常容，容乃公，公乃全，全乃天，天乃道，道乃久，没身不殆。"(16)

当人达到了极端和绝对的虚静的时候，这便敞开了人与万物间的神秘的通道。一方面，万物在虚静中显示自身的本性；另一方面，人可以静观到万物自身的存在。这就是与道合一的经验。就万物的显现而言，它回到了自身的本根，故是归根。万物和平地居住于自身的家园，故是宁静。这也是它们回复到自身的本性，故是复命。这同时也是它们实现了永恒性和普遍性，故是常。就人的明道而言，知道了物的永恒性和普遍性才是真正的明道。人由此能无所不容，坦然大公，无不周全，与天合一，与道合一。一个人唯有体道，道才能终生地守护自己。

第五，人要行道。当人证道之后，他就要遵道而行，在大道上行走。一个有道者如何在天地间行道呢？老子认为一个有道者要知白守黑。"知其雄，守其雌，为天下溪。为天下溪，常德不离，复归于婴儿。知其白，守其黑，为天下式。为天下式，常德不忒，复归于无极。知其荣，守其辱，为天下谷。为天下谷，常德乃足，复归于朴。朴散则为器，圣人用之，则为官长，故大制不割。"(28)

这里的雄和雌、白和黑、荣和辱等对立实际上是阳和阴的对立，也就是肯定性与否定性、积极性和消极性的对立。老子认为，一个有道者知道阴阳的差异，也知道一般人舍弃阴、追求阳。但有道者反其道而行之，舍弃阳，而追求阴。这就是为无为，任自然。

一个修道之人在完成了闻思修证行之后就成为了有道者。一个有道的人就是一个有德的人。道是德的规定，德是道的实现，尤其是在人身上的实现。"故从事于道者，同于道；德者，同于德；失者，同于失。同于道者，道亦乐得之；同于德者，德亦乐得之；同于失者，失亦乐得之。"（23）正如人与物相互作用一样，人与道德也相互生成。道德回应人积极和消极的活动。当人亲近道德的时候，它也亲近人；当人远离道德的时候，它也远离人。但一个为道者将修德不仅实现于自身，而且扩大到他人乃至世界。"修之于身，其德乃真；修之与家，其德乃余；修之于乡，其德乃长；修之于邦，其德乃丰；修之于天下，其德乃普。"（54）从自身，经过家、乡、邦，乃至到天下，是道德实现的不断扩大化和普遍化的过程。

既然一个有道者与众人不同，那么他必然具有一个独特的形象。"古之善为道者，微妙玄通，深不可识。夫唯不可识，故强为之容：豫兮若冬涉川；犹兮若畏四邻；俨兮其若客；涣兮其若凌释；敦兮其若朴；旷兮其若谷；混兮其若浊；澹兮其若海；飂兮若无止。孰能浊以静之徐清；孰能安以动之徐生。保此道者，不欲盈。夫唯不盈，故能蔽而新成。"（15）这不是对于为道者本性的规定，而是对于他的形象的描述。这种描述大多采用了比喻的手法。其中有的是常见的人类行为，有的则是普遍的自然现象。但它们无非表明，为道者一方面是内敛的，另一方面是外向的；他既是有限的，又是无限的。但为道者在根本上是体悟和实践大道自身的动与静，由浊到清，由安到生。这其实就是把握了大道自身的存在即虚无的生成本性。故为道者自身能生生不息，新而又新。

有道者也是一个摄生者，或长生者。"出生入死。生之徒十有三；死之徒十有三；人之生，动之死地亦十有三。夫何故？以其生生之厚。盖闻善摄生者，陆行不遇兕虎，入军不被甲兵；兕无所投其角，虎无所用其爪，兵无所容其刃。夫何故？以其无死地。"（50）人的生死有三种类型。第一种是生来长生的，第二种是生来早死的，第三种是生来长寿的，但却变为早死的。那些长生者是善摄生者。他能避免死亡，克服死亡。为何如此，他能与道同在。

有道者也是一个新生者。他通过修道而更新自己的生命。老子将为道者不仅比喻为众多自然现象，还比喻成一个特别的年龄的人：婴儿。"含德之厚，比于赤子。毒虫不螫，猛兽不据，攫鸟不抟。骨弱筋柔而握固。未知牝牡之合而全作，精之至也。终日号而不嗄，和之至也。"（55）婴儿的形象在老子文本中多次出现过。如"专气致柔，能如婴儿乎？"（10），"沌沌兮，如婴儿之未孩"（20），"复归于婴儿"（28），"含德之厚，比于赤子"（55）等。

婴儿或赤子是刚生下来的小孩。一般认为赤子是弱小的且无知的生命。但他却是具有自然本性而没有被文明熏陶的人。他与道保持直接的关联，获得了非凡的德性。一方面，他得到了道的保护，而不受其他生物的伤害；另一方面，他自身具有奇特的力量，充满了足够的精气。当然，一个赤子在根本上也谈不上是一个为道的人，同时，一个为道的人在事实上也不是一个赤子。但他们有一个共同点，具有自然赋予的道德。故老子将为道者比喻成赤子。但他们之间仍有根本的差异。一个赤子还不是成人，只是保持了自身原初的尚未丧失的自然性，但在其成长过程中随时有可能被丧失。一个为道者却不再是赤子而是成人，在其丧失了其本来的自然性之后还能保持其自然性。故一个为道者是一个不再是赤子之后的赤子。但道家的赤子不同于儒家的赤子。后者具有良知良能，本心和本性，仁义道德，但前者只是具有自然的虚静之心，超出了仁义道德。

六、圣人

老子思想所推崇的最高理想人物是圣人。《道德经》就是一本圣人之书。作为道家的圣人之学，《道德经》不同于儒家的君子之学和大人之学。但谁是圣人？老子当然有自己独特的答案。但圣人首先也是人。和他人一样，圣人生活在天地之间。但圣人和一般人不同，是一个特别的人。他不是被欲望和技术所规定，而是被道所规定。他自身所具有的德性就是道自身的特性。圣人正是一个修道并得道之人。但圣人与一般的得道之人也有不同之处。他是一个治者。圣人要治理天下和民众。在世界整体中，圣人处于道和民众之间。他不仅和道发生关联，要接受道，而且也和民众发生关联，要将此道传达给民众。

1. 圣人与道

圣人是有道的人。一方面，他反对一切无道；另一方面，他知道并行道。

圣人反对无道就是反对欲望、技术和一些人为的现象。圣人无欲，也就是没有贪欲，因此也可以说他寡欲或者少欲。他只是满足自然的欲望，而不是追求过分的欲望。"是以圣人为腹不为目，故去彼取此。"（12）因为没有贪欲，所以圣人也不主张无限提供满足欲望的手段和工具。圣人自身是一个道人，而不是一个工匠或者技者。同时，他也反对民众使用奇巧淫技。在这样的意义上，圣人可以说既无欲，也无技。

因为没有个人的欲望及其手段，所以圣人无私。"天长地久。天地所以能长且久者，以其不自生，故能长生。是以圣人后其身而身先，外其身而身存。非以其无私邪？故能成其私。"（7）这里所谓的私，就是与公相对，是自己、个人。但私在根本上是自己的欲望，也就是私欲。同时，私还包括了从私欲出发而采用的手段和伎俩。无私不仅否定了一个绝对的自

223

我，而且也否认了从个人出发的欲望以及满足它的技术。当圣人无私的时候，他就将自身融入到天道之中。同时，天道也将无私的圣人的个人存在充满。因此正是在天道之中，圣人私人的存在才得到了最大、最高和最完满的实现。

除了无欲、无技和无私之外，圣人还反对一切违反自然或超出自然的现象。"是以圣人去甚，去奢，去泰。"（29）甚、奢、泰都是违反自然和超出自然的现象，是妄为，是非道的。它们只能带来死亡，因此，它们必须要被消除。

无欲、无技、无私和无反自然等都可以包含在无为一词之中。道常无为，因此圣人也无为。老子关于圣人无为有多处论述。他说："是以圣人处无为之事，行不言之教；万物作而弗始，生而弗有，为而弗恃，功成而弗居。夫唯弗居，是以不去。"（2）老子又说："为无为，事无事，味无味。"（63）老子还说；"为者败之，执者失之。是以圣人无为，故无败，无执，故无失。民之从事，常于几成而败之。慎终如始，则无败事。是以圣人欲不欲，不贵难得之货；学不学，复众人之所过。以辅万物之自然而不敢为。"（64）可见，无为是圣人最根本的特性。

什么是无为？无为是对于为的否定。什么是为？为就是人为，是违反自然的行为。因为道是自然，所以人为就是非道。与此相反，无为意味着无人为，无反自然，无非道。当然，无为本身也是人的行为，是人的作为。但无为和一般的人为有根本的不同。无为是合乎自然的人为，一般的人为是有为，是违反自然的人为。因此，老子主张无为并非是人无所作为，而是主张否定非自然之为。依此，无为就是合于自然之道的行为。这样就能理解老子所说的"为无为"的意义。"为无为"看起来是一个悖论，是自相矛盾的。在一般的意义上，为就是不无为，无为就是不为。但"为无为"却将两个矛盾的事情同等设置，是自身否定的。但这只是看起来如此，事实上却并非如此。老子所说的为是指人的行为，无为是无非自然之为，也就是合自然之为。在这样的意义上，"为无为"就是人作合于自然的行为，作合于道的行为。

圣人正是因为无为，所以他能体察并践行自然之道。"不出户，知天下；不窥牖，见天道。其出弥远，其知弥少。是以圣人不行而知，不见而明，不为而成。"（47）这里的不行、不见和不为都是无为的具体形态。通过无为，也就是通过否定非道，圣人肯定了道，并和道合一。

就广义的道而言，老子区分了天之道和人之道，也就是区分了自然之道和非自然之道。圣人所行的道是天之道，而不是人之道。"天之道，其犹张弓与？高者抑之，下者举之；有余者损之，不足者补之。天之道，损有余而补不足。人之道则不然，损不足以奉有余。孰能有余以奉天下，唯有道者。是以圣人为而不恃，功成而不处，其不欲见贤。"（77）在天之道和人之道之间，圣人放弃了人之道，而选择了天之道。圣人替天言道，替天行道。于是圣人是一个有道者。

2. 圣人与自身

圣人被天地的自然之道所规定。这就是说，他用道来规定自身。何谓自身？自身既是人与他人相区分的自己，也是人自己直接存在的身体，也就是肉体和心灵的合一体。修身就是修正人自身，治身就是治理人自身。但治身作为人治理自身的活动不是妄为，而是无为。

于是，圣人治身的关键让自身居于天道之中，而不同于那些无道的人。无道的人把自己置于道之上，并置于天下之上。老子说："重为轻根，静为躁君。是以圣人终日行，不离辎重。虽有荣观，燕处超然。奈何万乘之主，而以身轻天下？"（26）显然，老子肯定了圣人自身依道的行为，而反对无道之人把自身看得高于天下。

从道出发，老子认为治身就是抱一无己。"是以圣人抱一为天下式。不自见，故明；不自是，故彰；不自伐，故有功；不自矜，故长。"（22）

一不是其他东西，而就是道。抱一正是抱道。人用道来规定自己和万物。无己是不从自己的立场和观点出发去行事。抱一和无己是一个事情的两个方面。抱一就要无己，无己才能抱一。

老子将他个人治身的原则归纳为三宝。但这三宝也可以看成是圣人治身的原则。"天下皆谓我道大，似不肖，夫唯大，故似不肖，若肖，久矣其细也夫。我有三宝，持而保之。一曰慈，二曰俭，三曰不敢为天下先。慈故能勇；俭故能广；不敢为天下先，故能成器长。今舍慈且勇；舍俭能广；舍后且先；死矣！夫慈，以战则胜，以守则固。天将救之，以慈卫之。"（67）三宝包括了慈、俭、不敢为天下先。什么是慈？慈就是爱。慈爱之心是对万物的同情，愿意把自身给予万物。因此，人能爱，才能勇敢。什么是俭？俭是节俭，缩小。人缩小才能扩大。什么是不敢为天下先？不敢为天下先意味着为后，为下，为小。但这反过来倒是能够成为先、上、大。

3. 圣人与众人

圣人和众人虽然有许多的不同之处，但他们之间的差异只有一个关键点，亦即在于有道和无道。圣人是有道之人，众人是无道之人。

从道出发，圣人能意识到自身的疾病，而众人则没有。"知不知，尚矣；不知知，病也。圣人不病，以其病病。夫唯病病，是以不病。"（71）人知道自己不知道，就可能知道；人不知道却认为知道，就不可能知道。这两者之间存在根本区别。人知道自己不知，就能克服无知的缺点。圣人知道自己不知，因此能够知道。

因为圣人是有道者，众人是无道者，所以圣人和众人之间存在巨大的距离。"吾言甚易知，甚易行。天下莫能知，莫能行。言有宗，事有君。夫唯无知，是以不我知。知我者希，则我者贵。是以圣人被褐怀玉。"（70）圣人知道自己和众人的区别，但不标明这种区别。他的表现如同众人。以此方式，圣人遮蔽自己。因此，圣人往往也是一位隐者。

4. 圣人之治

在天地人的结构整体中，圣人占据了非常独特而重要的位置。他是天地与人的中介。他要将天地的自然之道传给天下大众，让他们遵道而行。圣人的伟大使命就是治理天下民众。但圣人如何治理？这没有其他的选择，唯一的道路就是依照自然之道，无为而治。圣人之治并非一般意义的统治，亦即凭借政权来管理和控制国家和人民，而是放之任之，泰然让之。圣人无为而治就是让天下民众依其自然本性而生活。

天下和民众同属一个整体。天下是民众之天下，民众是天下之民众。但这一整体的天下和民众又有所区别：天下主要是指国家，民众主要是指人。因此圣人治理也可以相对区分为治理天下和治理民众。

圣人与天下的关系在根本上建立在道的基础之上。这也意味着圣人治理天下是依道治天下，或者依道治国。"道常无为而无不为。侯王若自守，万物将自化。化而欲作，吾将镇之以无名之朴。镇之以无名之朴，夫将不欲。不欲以静，天下将自定。"（37）无名之朴就是自然之道的另外一个名字。用无名之朴来治国就是用自然之道来治国。

在依道治国的同时，圣人也要反对依非道治国。"治大国，若烹小鲜。以道莅天下，其鬼不神；非其鬼不神，其鬼不伤人；非其神不伤人，圣人亦不伤人。夫两不相伤，故德交归焉。"（60）烹饪小鱼不能翻动，也就是不要妄为。治理大国也不能翻动，也不能妄为。这就是说，圣人不能违反自然之道来治国。唯有如此，天下万物才能各得其所，相安无事。

依道治国不仅针对国内事物，而且也针对国际关系。国与国之间关系多样复杂，尤其是在大国和小国之间关系更为微妙。老子认为，无论大国还是小国，每一方都要依道而行。"大邦者下流，天下之牝，天下之交。牝常以静胜牡，以静为下。故大邦以下小邦，则取小邦；小邦以下大邦，则取大邦。故或下以取，或下而取。大邦不过欲兼畜人，小邦不过欲入事人。夫两者各得所欲，大者宜为下。"（61）一般日常观念认为大国是上，小国是下。上高于下，下低于高。因此，大国强于小国，小国弱于大国。但老子反对这种日常观念，强调下胜上。无论大国还是小国，都应该在其关系之中主张谦让，处于下位。

圣人治天下或治国同时就是治理民众。

在政治的意义上，圣人和民众的关系属于治理者和被治理者的关系。因此，圣人和民众的关系必须置于治理者和民众的关系之中来讨论。在治理者和民众之间，治理者是规定性的，民众是被规定性的。因此，民众的种种问题是由治理者的行为导致的。"民之饥，以其上食税之多，是以饥。民之难治，以其上之有为，是以难治。民之轻死，以其上求生之厚，是以轻死。夫唯无以生为者，是贤于贵生。"（75）

就治理者自身而言，他也需要区分。有的治理者是圣人，有的治理者是非圣人。这样，他们和民众的关系就会出现两种关系：有道和无道。"其政闷闷，其民醇醇；其政察察，其民缺缺。"（58）有道的治理者会产生有道的民众；无道的治理者会产生无道的民众。

由于治理者治理民众方略的不同，民众和治理者的关系会发生不同的变化。"太上，不知有之；其次，亲而誉之；其次，畏之；其次，侮之。信不足焉，有不信焉。悠兮其贵言。功成事遂，百姓皆谓：我自然。"（17）这种关系演变表现为：首先是知。这里知刚好是不知其存在。知者为所知者所规定。知者之所以不知，是因为所知者不为所知。其次是誉。这由知演变为一种情感、意志的态度。誉者不同于知者，它要规定被誉者。再次是畏。誉是走向物，畏是远离物。最后是侮。与誉相反，侮要否定、消灭物。侮也是要走向物的。

鉴于这种民众和治理者关系的变化，圣人作为治理者就要处理好他自身与民众之间的关系。

老子认为，圣人要居下。"江海之所以能为百谷王者，以其善下之，故能为百谷王。是以圣人欲上民，必以言下之；欲先民，必以身后之。是以圣人处上而民不重，处前而民不害。是以天下乐推而不厌。以其不争，故天下莫能与之争。"（66）圣人与民众的关系是下而上，后而先。老子甚至认为："受国之垢，是谓社稷主；受国不祥，是谓天下王。正言若反。"（78）

圣人还要无己。"圣人常无心，以百姓心为心。善者，吾善之；不善者，吾亦善之；德善。信者，吾信之；不信者，吾亦信之；德信。圣人在天下，歙歙焉，为天下浑其心，百姓皆注其耳目，圣人皆孩之"。（49）圣人无我，将人化为我。同时，圣人无论善与不善者，皆以善待之，让其成善；信与不信者，也皆以信待之，让其成信。这在于圣人的善是至善，超出了一般的善与不善；圣人的信是至信，超出了一般的信与不信。圣人之道是自然之道，没有人为的分别。故他能让天下之人的心灵达到浑然纯一，让其神情恢复赤子状态。

圣人治民的关键也是依道治民。

圣人要让民众无欲望，无技术。欲望和技术对于民众会产生巨大的危害。"以正治国，以奇用兵，以无事取天下，吾何以知其然哉？以此：天下多忌讳，而民弥贫；人多利器，国家滋昏；人多伎巧，奇物滋起；法令滋彰，盗贼多有。故圣人云：我无为，而民自化；我好静，而民自正；我无事，而民自富；我无欲，而民自朴。"（57）鉴于欲望和技术能带来民众的灾难，无欲和无技则能导致民众安分守己。"不尚贤，使民不争；不贵难得之货，使民不为盗；不见可欲，使民心不乱。是以圣人之治，虚其心，实其腹，弱其志，强其骨。常使民无知无欲。使夫智者不敢为也。为无为，则无不治。"（3）因此，消灭欲望和技术是治理民众的保障。

无欲和无技治民同时意味着依道治民。老子把依道治民的策略表述为啬。"治人事天，莫若啬。夫唯啬，是谓早服；早服之重积德；重积德则无不克；无不克则莫知其极；莫知其极可以有国；有国之母可以长久；是谓深根固柢长生久视之道。"（59）何谓啬？啬本身意味着少。从否定性来说，它要否定多，也就是无为；从肯定性来说，它要爱惜，也就是尊重自然。因此，啬是自然无为的另一种表达。啬作为人的活动，在本性上是自然无为。这就意味着啬就是达道和积德。由此，啬具有广大和长久的力量，并能让天下和人自身达到永恒。

从依道治民出发，老子反对仁治，主张不仁。"天地不仁，以万物为刍狗。圣人不仁，以百姓为刍狗。"（5）老子反对仁政并非主张非仁政，而是主张自然之道。这既超出了非仁政，也超出了仁政。

老子也反对智治，主张愚治。"古之善为道者，非以明民，将以愚之。民之难治，以其智多。故以智治国，国之贼；不以智治国，国之福。"（65）这里的愚并非一般意义的愚蠢，这里的愚治也非一般意义的愚蠢的统治。相反，愚意味着淳朴自然，愚治意味着无为而治，顺道而治。

与道家相反，儒家主张仁治和智治。因此，老子也反对儒家之治。"绝圣弃智，民利百倍；绝仁弃义，民复孝慈；绝巧弃利，盗贼无有。"（19）儒家等主张圣智、仁义、巧利等或者就是人的欲望以及满足它的技术，或者会引发人的欲望以及满足它的技术。这些只能导致民众背道而行。因此，只有消除儒家等主张，民众才能回复到自然之道。

作为治者，圣人依道治国、依道治人。因为治理是让天下民众顺任自然而为，所以治理就是爱。这就是说，圣人依道爱国，依道爱人。"圣人常善救人，故无弃人；常善救物，故无弃物"。（27）圣人不仅爱人，而且爱物。圣人之爱遍及一切，把它们从无道的危险中拯救出来，而存在于道中。他让一切人守护自身的人性，而成为人，一切物保持自身的物性，而成为物。"圣人不积，既以为人已愈有，既以与人已愈多。天之道，利而不害；圣人之道，为而不争。"（81）天之道爱人，因此天之道就是爱之道，圣人之道爱人，因此圣人之道也是爱之道。

第四章　欲、技、道与当代世界

　　老子的核心思想是道，并展开为道与无道的对立。但无道主要是贪欲和奇技。因此，老子的思想实际上包括了欲望、技术和大道三个方面。但这正是人的生活世界的基本问题。人的生活世界的展开就是欲望、技术和大道或者智慧的交互活动。古代的老子论述了欲、技、道，今天的我们也要思考欲、技、道。老子和我们的思想既有同一性，也有差异性。让我们一方面走进老子，另一方面走出老子，深思欲、技、道各自的本性及其在当代世界的命运。

一、欲望

　　在生活世界中，人的生活首先表现为它的欲望及其实现。如生是生的欲望和实现，死是死的欲望和实现，爱是爱的欲望和实现。这样，生活是欲望的生活，欲望是生活的欲望。

　　但什么是欲望自身？欲望的本意是需要，是渴望，是需求和向往等。当人被人的欲望所袭击时，人就要去满足它；当人被欲望的对象所激动时，人就要去占有它；当人实现了欲望时，人会心满意足，踌躇满志；当人没有完成欲望时，人将身心痛苦、抑郁或者愤怒。此外，人要消灭那些阻碍或争夺我的欲望对象的敌人，人要在满足了一次欲望之后还要满足新的欲望。总之，欲望无边，欲壑难填。

但欲望不仅表现为一种状态，即欲望的渴求和欲望的满足等，而且也表现为一种意向行为，即它指向某物和朝向某物。欲望总是：人欲望某个对象，亦即人要某个对象。于是在欲望的现象中存在一种关系，即欲望者和所欲者的关系。

欲望者在此当然不是其他什么，如动物之类，而是人本身。在此要注意人与动物的区别。动物不仅有它的欲望，而且就是它的欲望。这也就是说，动物和它的欲望是同一的。但我们不能说人就是他的欲望，而只能说人有他的欲望。在这样的意义上，人和欲望的关系是复杂的。因此，人不能简单地说成是欲望的主人或者是奴隶。这是因为人既可能意识到他的欲望，也可能没有意识到他的欲望；既可能控制他的欲望，也可能无法控制他的欲望。基于这样的理由，人不能等同于欲望者，欲望者只是人的一种规定。

与欲望者不同，所欲者是物，当然这个物可能是人物，也可能是事物。物就其自身而言，虽相互关联，但大多自在自为，自生自灭。只是当它成为欲望者的欲望对象时，它才变成了所欲之物。但对于欲望者而言，所欲之物的基本特性正好是它的不在场性。只有当所欲之物不在场的时候，欲望才是欲望，并表现为欲望活动。然而当所欲之物在场的时候，欲望就实现了，从而欲望也消失了。这表明，欲望的在场性刚好是所欲之物的不在场性。

在对于欲望结构里欲望者和所欲物的不同描述中，我们已经看到了它们之间的关系。在欲望之中，人始终和对象构成一种关联，这是因为人自身不能在自身之中实现自身的欲望，人必须指向一个他者。它或者是人，或者是物。在此，人作为欲望者，对象作为被欲望者，人和对象的关系成为了欲望者和被欲望者的关系。如果人是欲望者的话，那么人就被人的欲望所驱使，人不是一个自主、自觉和自由的主体；如果对象是被欲望者的话，那么它自身失去了作为物自身和人自身的独立性，而只是成为在某种程度和方式上满足欲望的填充者。人和对象相互作用，一方面，人朝向一个对象；另一方面，对象也刺激人。因此不仅对象因为人成为被欲望者，人也会因为对象成为欲望者。

在对于欲望现象的分析中，欲望的基本特性显示为欠缺。它意味着，人的存在不完满，人有一个没有的东西，但人又需要将这没有的东西变成有的东西。其实在此我们可以看到，欠缺成为了一种驱力。在这样的意义上，我们可以说，欲望一方面是欠缺；另一方面是丰盈。它是力量的丰盈，是创造力的表现。人正是从欲望出发去创造他的生活。

欲望有很多种类。但人的欲望首先是身体的欲望。人之所以有欲望，是因为人有身体。因此，只要人具有身体，那么人就有欲望。这样，人们根本不可能绝对地禁止欲望，而只是能在某种程度上限制欲望。欲望就是人的身体的基本存在，是它的天然的需要和满足。于是，身体的欲望是与生俱来的，是身体的本能。所谓本能就是本来就有的能力，它是人的身体自然的、天生的禀赋。

人的本能有许多种。如果说人的本能包括了生本能和死本能的话，那么本能对于人而言就不只是一种本能，而是很多本能。这是因为生和死就是人的生命的全部领域。其中凡是依靠身体的自然性的活动就是本能的活动，如吃喝、睡眠、呼喊、行走等。

但就人的生活而言，主要有两大基本本能或身体的欲望：食欲和性欲。中国古人一向认为，饮食男女是人之大欲。它们之所以是大欲，是因为它们是生活的基础，从而也是其他欲望的基础。如果食欲和性欲不能得到实现的话，那么人的生命和其他的欲望也就不能实现了。

食欲是个体生存的需要。人作为个体的存在直接就是身体。人的身体的存在、发育和成长并不能只是依靠自身，而是要依靠它之外的食物所提供的营养。身体对于食物的欲望直接表现为饥渴，它是身体对于自身自在自足的状态的打破，并显现为不安和焦虑的症候。饥饿正好揭示了身体和食物的关系。但此时食物不在身体之内，而在身体之外，而且存在一定的距离。物变成食物需要一个加工过程，同时某一食物变成某一身体的食物也需要一个转换的过程。食欲的满足过程就是吃的行为自身，它是嘴唇、牙齿和肠胃的运动。吃将身外的食物变成身内的食物，因此，吃总是吃进去。同时吃也是对于食物的消灭，因此，吃也总是吃掉、吃完。当吃完了，食欲也就满足了，从而不存在了。

与食欲相比，性欲有它自身的特性。它不再是个体存在的需要，而是种族繁衍的需要。同时它所欲望的不是一可食的自然之物，而是一与自身性别相异的人。人作为个体的生命是要死亡的，但作为种族的生命却要维系下去。其唯一的方式就是通过生殖而繁衍。但任何个人都无法在身体自身完成这样的使命，而必须借助于与异性的合作而生产后代。因此，生殖成为了性欲最原初的意义。性的欲望也表现为饥饿和渴求。它成为了一种冲动，即朝向异性身体的冲动。这样，在所谓的性欲中始终包括了人和异性的关系。异性是那些与自己在身体上具有性别差异的人。但什么样的异性能够成为自身的性伴侣，却受制于外在和内在的条件的规定。婚姻就是基于对这种条件的考虑而形成的男女关系的契约。性欲的身体实现是所谓的交媾。虽然它只是男女双方的私密行为，但由于它关联到生殖，它自身便具有社会的意义。因此不仅有是否出于欲望的性行为，而且还有是否合乎道德和法律的性行为。性行为的完成是性欲的满足，但男女的身体依然存在，由此潜伏着新的性欲的激起。

食欲和性欲等人的身体的基本本能看起来只是身体的，但它实际上自身已经包括了许多非身体的因素。如食物的生产和分配就是一个社会问题。由性欲的实现所导致的生殖不仅相关于家庭，而且也相关于国家。于是由身体性的欲望便产生了很多非身体的欲望，如财产、名誉、权力等。但它们一般表现出和身体没有直接的关联。

　　关于财产的欲望是一种物欲，也就是对于物资的占有。物资主要是生活资料和生产资料。但如果人也只是被当做物的话，那么他也会被作为一种特别的物资。对于物的占有就是将自然物变成人之物，将他人之物变成属我之物。在占有之中，人的欲望得到了满足。因为人将自身的存在转变成了物的存在，所以物的价值便是人的价值的明证。物的增殖是人的增殖；反之，物的贬值也是人的贬值。

　　关于名誉的欲望不同于对于财产的欲望。如果说财产是实的话，那么名誉则是虚的。名誉主要是人的行为在社会上所形成的声望和名声，并表现为人们言谈中的评价。名誉当然有好坏之分。好的名誉是对于人的存在的肯定，坏的名誉则是对于人的存在的否定。由此，人对于名誉的追求是一种在他人那里对于自身肯定的追求。为了得到名誉，人的行为不仅指向自身，而且指向他人。当然，为名誉而名誉就只是一种虚荣了。

　　关于权力的欲望也是一种普遍的欲望。它不仅相关于政治，而且也相关于一般的社会生活。权力是一种力量，但最主要表现为语言或话语的力量，即语言通过某种体制而支配现实的人和物。因此，权力就是说话权和话语权。在权力现象中，我们看到一方面是语言对于现实的规定，另一方面是个人对于他人的控制。在此主动和被动的关系中，权力划定了社会生活中的上下级等级序列。对于权利的欲望就是希望获得话语权，并由此在社会结构中居于支配者，而不是被支配者。

　　但不管是身体性的欲望，还是非身体性的欲望，它们都有自身的限度。因此，它们不是无限的，而是有限的。同时可欲之物也只是对于欲望的需要而言才是所欲之物，而对于满足了的欲望便不再是所欲之物了。但如果人在满足了欲望之后还拼命地追求所欲之物，那么此时的欲望便不是对于某物的欲望，而是对于欲望的欲望。某物在此其自身的意义是不重要的，而它是否能满足人的某种欲望也不是关键问题，它只是表明它是一个抽象的欲望之物。正是如此，它能满足人对于欲望的欲望。如果事情是如

湖北武当山三清殿

此的话，那么对于欲望的欲望将是无边的，而作为欲望的欲望的可欲之物也是无数的。这实际上是贪欲的实质。所谓贪欲就是越过了自身界限的欲望。贪欲者甚至将自身等同于一个欲望者，只是沉溺于对于欲望的无限追求之中，如贪吃好色，攫取财产、名望和权力等。他们在对欲望的欲望的追求过程中感到了自身的存在。

人的身体性的欲望、非身体的欲望和对于欲望的欲望会以不同形态表现出来。

欲望的形态直接就是身体性的。不仅身体性的欲望自身表现为身体性的，而且非身体性的欲望和对于欲望的欲望也有身体性的表现。欲望的身体表现为身体的欠缺、渴求，以及由此而来的不安和烦躁等。它一方面显现为外在身体的征候：如面部的表情、四肢的运动、整个躯体的变化等；另一方面显现为内在身体的感觉，如呼吸的急缓和心跳的快慢等。

欲望的形态在表现为身体的同时也是心理的。它一般呈现为无意识的语言，如各种类型的象征符号等。这些没有意识的和不可言说的欲望在它出现的同时就面临着各种关于欲望的压抑机制，于是它便变形、转移和升华，以间接性的形态将自身表现出来。但无意识的欲望最后也会转化为有意识的，并且成可言说的。唯有如此，欲望才由莫名的欲望成为有名的欲望，并可能现实化。

欲望的形态不仅是心理的，而且也是社会的。如果欲望只是停留在心理范围特别是在无意识的领域中，那么它就是虚幻的。唯有当欲望走向现实，并且实行生产的时候，它才能完成自身，而成为真正的欲望。在这样的意义上，欲望必须将自身具体化为欲望的生产。这种生产就是人类历史的最基本的生产：人自身的生产和物质的生产。由性欲的繁殖出发的生产成为了人自身的生产，而由食欲等出发的生产便构成了人的生活资料和生产资料的生产。人类的一切生产当然不能简单地还原为性欲和食欲的生产，但是后者的确是前者的最初动因。

对于欲望，人们一般只是注意到了其消费性。这是因为人们的欲望对于欲望的对象总是攫取、占有，甚至消灭。欲望不仅会消费物，而且会消费人。在消费欲望对象的同时，欲望者自身也在被消费。在这样的意义上，欲望是消极的和否定的，并因此可能是邪恶的。这也就是为什么在历史上欲望一直要被否定的原因。但消费性只是欲望的一个方面，它的另一方面却是创造性。欲望作为一种内在的驱力，既是人自身生命力的源泉之一，也是人的世界不断生成的基本要素之一。所谓的人自身的生产和物质的生产便是这种创造性的明证。

基于欲望自身的消费性和创造性两重特性，禁欲主义和纵欲主义都是对于欲望的误解，因而是片面的和偏激的。许多宗教、道德和哲学都主张禁欲主义。它们认为欲望是罪恶和迷误的根源，它既导致人自身痛苦，也导致整个世界的堕落。因此，人要最大可能地禁止自身的欲望，尤其是身体性的欲望，如食欲和性欲。但禁欲主义只能是相对的，而不可能是绝对的。这是因为只要人活着，只要人的身体存在，人的欲望活动就不会停息。禁欲主义不可能彻底地消灭人的欲望，而只能将它减少到最低度。在这样的意义上，禁欲主义只是寡欲主义。在此，欲望依然是存在的，哪怕只是在最小的限度上。与禁欲主义相反，纵欲主义似乎在欲望的追求和满足中找到了通往幸福、快乐和美满的通道。身体性的欲望如食欲和性欲在此获得了特别的意义。一些宗教上的邪教，一些道德上享乐主义者和哲学上的非理性主义者都是纵欲主义的鼓吹者。但欲望是不能无限放纵的，因为其结果只能是欲望之物的消失和欲望者自身的毁灭。

事实上，禁欲主义和纵欲主义都没有意识到欲望的真正困境，即欲望的压抑。不仅如此，它们自身就是欲望压抑的思想根源。禁欲主义当然试图去压抑欲望，使它不敢越雷池一步。纵欲主义看起来不是压抑欲望，但实际上也是欲望的压抑，而且是其极端形态。这是因为它让欲望越过自身的边界，从而让欲望在自身消灭自身，而达到了对于欲望的根本否定。当代对于欲望的压抑主要在于欲望纳入了市场买卖的机制当中。因此关于欲望的生产和消费都被市场的游戏规则所规定。在这样的关联中，欲望不是人的欲望，而人成为了欲望的人。同时欲望也不是自身，而是商品的买卖，是商品的生产和消费。

关于欲望困境的思考当然召唤欲望的解放。一方面，人要从关于欲望的各种主义中解放出来。既不是禁欲主义，也不是纵欲主义，而是要认识欲望的本性，使欲望回归自身。另一方面，人要从关于欲望的各种建制中解放出来。一些所谓的饮食文化，还有一些男女关系如婚姻制度等构成了人的基本欲望的实现形态。对此人们必须考虑建构新的制度的可能性。

二、技术

只要人的欲望是真实的欲望，那么它就要实现自身，而使自身现实化，而让自身生产和消费。但从欲望达到欲望的对象却不能只是限于人自身，而必须借助于人自身之外的事物。这种独特的事物便是工具。人制造和使用工具的活动是一种广义的技术活动。工具或者技术在人的生活世界中具有重要的作用。它不仅决定了人的欲望是否可以实现，而且还决定了它在何种程度上可以实现。

工具一般的意义如下：其一，工具是非动物性的，而是人类学性。人们一向把使用和制造工具看成是人区分于动物的突出性标志。有些动物偶尔也使用工具，但这并不构成其生活的根本特性。此外，动物根本不会制造工具，只是会利用一些现成的自然物。与此不同，人不仅会使用工具，而且会制造工具。人凭借工具不仅将自身区分于动物，而且区分自身的历史。由此，我们对于人类历史的划分往往就用其时代的主要工具的特质命名，如石器时代、青铜器时代、铁器时代和机器时代等。如果说人也是凭借工具而具有区分动物的特征之一的话，那么工具也获得了属人的特性。这就是说工具不是自然，而是文化。因此，工具自身就是人存在和力量的显示，是历史的发展的纪录。在这样的意义上，工具是人自身物化形态的延伸。

其二，工具作为手段服务于目的。工具是一物，但它不同于一自然之物，不是自在自为的，而是为它的。同时，它也不同于艺术作品，不是一为己之物，以自身为目的，而是以它物为目的。因此，工具自身就包含了自身和它物的关系，也就是手段和目的的关系。工具自身的存在表现为手段，作为如此，它始终源于自身之外的动机，并指向自身之外的目的。这里所谓的动机就是人的欲望。欲望驱使人去使用和制造工具。所谓的目的就是所欲之物。工具将帮助人去获取它和占有它。通过如此，工具建立了人和人、人和物的关系。对于工具这一手段而言，那些它所关联的人和物似乎都是目的。但如果它们成为了可欲之物的话，那么它们自身则又成为了手段。因此在工具所建立的世界关系中，人和物可能成为目的，也可能成为手段，表现出一种复杂性。在这样的关系中，工具似乎是不重要的，因为目的实现之日便是手段终结之时。工具在使用中消失自身。于是，工具需要更新，更需要创新。但比起某一短暂的动机和目的，工具作为手段却具有更长远的意义。

工具也是在其历史中不断显示出自身的。最早的工具是人的身体自身，即人的四肢和器官。其中双手具有特别的意义，它最具有工具性。正是在这样的意义上，手就是手段，也就是工具。从手出发，人们可以区分不同的事物，如手前的东西和手上的东西。手的功能是多样的，它既把握自然，也把握人，如握手、拥抱和爱抚行为等。与手一样，脚也是人非常重要的工具。正是人的直立行走，才导致了人的双手的形成和大脑的发达。就脚自身而言，它不仅走路，而且还在争斗、武术和表演等活动中起着重要的作用。此外，靠自己的双脚站立和行走还具有比喻的意义，即人生活和存在的独立性。除了四肢之外，人的感觉器官也在一定程度上充当了工具。视觉和听觉建立了人与万事万物的关系并敞开了事物自身。这里有必要指出人的嘴唇所发出的清晰的声音——语言的工具的意义。语言当然有其多重维度，但工具性是其最显而易见并被人们注意到的一种。语言的工具性主要表现为反映、表达和交流等。

在人自身的身体作为工具的同时，人们也使用现成的自然工具，如石头和木头。凭借它们，人更好地向事物施展自身的力量。但对于自然工具的使用还不足以构成人与动物的区分。只是火的使用才改变了人自身，并使人越过了动物使用工具的界限。在人类学的意义上，未使用火的生食和使用火的熟食既是人和动物的对立，也是野蛮和文明的对立，因而也是自然和文化的对立。火的利用不仅改变了人的基本欲望的满足方式，而且也开辟了人生活的新天地。它照亮了黑夜，驱赶了野兽，召唤了神灵，如此等等。

在利用自然工具的基础上，人开始制造工具。这样工具不再是自然的，而是人为的。人造工具经历了一个漫长的发展过程，如石器、陶器、青铜器和铁器等。在工具的制造过程中，一方面是人对于自然物质的发现和把握，另一方面是对于自身技能的培养和力量的发展。但这些形形色色的工具仍然为双手所把握，它们不过是身体力量的增强和扩大而已。

工具的制造的历史具有划时代意义的是两次重大的革命。一次是机器革命。它借助能源的消耗而具有自动的特性，从而运转、加工和生产。于是，机器不仅是人的身体的延长，而且也是身体的替代。另一次是信息革命。它不再是人的身体的替代，而是大脑亦即智能的替代。作为信息的处理者，计算机不仅能如同人脑那样计算，而且能够超过人脑那样计算。因此，计算机成为了与人脑不同的电脑。它在现代生产中的运用完成了语言和现实之间的对立的克服，使语言变成了现实。

在工具革命的进程中，工具自身越来越表现为技术，并且在那里将自身的本性极端化。故理解现代工具必须思考技术的本性。技术是人的活动，而不是物的运动。因此它们在本性上与自然相对，技术不是自然，自然不是技术。不仅如此，技和技术都是人对于自然的克服，是人改造物的活动。人在没有物的地方制造物，在已有物的地方加工物，这使技术的根本意义表现为制造和和生产。技术就是要制造一个在自然尚未存在且与自然不同的物，亦即人为之物。但这个物并不以自身为目的，而是以人为目的。通过如此，技术成为了人的工具或手段，人借此来服务于自身的目的。由于这样，它们都表明了人对于物的有用性的要求。有用性实际上意味着物具有技术化的特性，也就是能够成为手段和工具的特性。

但中国的技具有自身独特的意义。它主要是人用手直接或间接与物打交道的过程。作为手工的活动，技在汉语中就被理解为"手艺"或"手段"。那些掌握了某一特别手艺的手工活动者成为了匠人。手是人身体的一部分，技因此依赖于人的身体且是身体性的活动。但人的身体自身就是有机的自然，是自然的一个部分，技因此是依赖于自然性的活动。这就使技自技自身在人与物的关系方面都不可摆脱其天然的限度，即被自然所规定。在这种限定中，人不是作为主体，物不是作为客体，于是，人与物的关系不是作为主客体的关系，而是作为主被动关系。人在技的使用过程中，要么让自然生长，要么让自然变形，以此达到人自身的目的。尽管如此，技作为人工要合于自然，即人的活动如同自然的运动，如庄子所谓"道进乎技"。这也导致由技所制作的物虽然是人工物，但也要仿佛自然物，即它要看起来不是人为，而是鬼斧神工，自然天成。由此我们可以看出，一般中国思想所理解的技是被自然所规定的人的活动。但如此理解的技依然不是自然本身，不是道本身；相反，它会遮蔽自然，遮蔽道，因此它会遮蔽物本身。

与中国的技不同，一般西方的技术指的不是手工制作，而是现代技术，即机械技术和信息技术。在手工操作到机械技术的转换中，人的身体的作用在技术里已经逐步消失了其决定性的作用。而在信息技术中，人不仅将自己的身体，而且将自己的智力转让给技术。因此，现代技术远离了人的身体和人的自然，自身演化为一种独立的超自然的力量。技术虽然也作为人的一种工具，但它反过来也使人成为它的手段。这就是说，技术要技术化，它要从人脱落而离人而去。作为如此，现代技术的技术化成为了对于存在的挑战和采掘，由此成为了设定。人当然是设定者，他将万物变成了被设定者，同时人自身也是被设定者，而且人比其他存在者更本源地从属被设定者整体。这个整体就是现代的技术世界。世界不再是自然性的，而且自然在此世界中逐渐消失而死亡。技术世界的最后剩余物只是可被设定者，它要么是人，要么是物。作为被设定者，人和物都成为了碎片。而碎片都是同等的，因此也是可置换的。

对于现代技术对我们世界的设定，许多人采取乐观主义的态度。他们认为技术开辟了一条希望之途，由此可以克服我们时代的诸多问题。有的甚至相信技术万能，把技术思维贯彻到人类所有的领域。这也许会形成一种危险，即对于技术的崇拜，将技术当成了一个时代新神。但技术乐观主义没有注意到技术的两面性，即有利性和有害性。同时他们也没有考虑技术的有限性，因为人类的很多领域是在技术之外的。

当然，这绝对不能引发所谓的技术悲观主义。在这种论者看来，技术不仅导致了人的生存环境—自然的破坏，而且造成了人类社会自身的很多疾病。

显然，任何一个现代人都不可能离开技术而生活在所谓原初的自然里，也不能只是看到技术的弊端而忽视它对于人类的帮助。因此，现代对于技术的真正态度是抛弃乐观主义和悲观主义，确定技术的边界。

三、智慧

人从欲望出发，借助于工具的使用和创造，也就是技术的运用，来满足欲望的要求。但不论是欲望和工具，它们都需要智慧指引。我们当然可以说人的欲望不同于动物的欲望，同时人对于工具的运用也不同于动物对于工具的运用。但在这两方面，人和动物都有许多相似的情况。唯有智慧是人的独特本性，而将人与动物完全分离开来。在这样的意义上，智慧才是人的真正的开端。

智慧也可以称为大道、真理、知识等。知识就是知道，亦即知道事物自身。正是如此，智慧是愚蠢的对立面，因为愚蠢是不知道。同时智慧也不同于聪明和计谋。在聪明看来，智慧是愚蠢的，但在智慧看来，聪明是愚蠢的，当然它是一种特别的愚蠢，因为它带着一层面具。这就是说，它看起来是知道，但事实上是不知道。因此，人们对于智慧和聪明的分别一般具体化为大智慧和小聪明的对立。

但智慧不是关于其他的什么知识，而是关于人的基本规定的知识。这个知识告诉人们：人是什么和不是什么，也就是存在和虚无。但人的规定正好是通过人与自身的区分来实现的。在此不是人与动物的区分，而是人与自身的区分。这是因为人与自身的区分是首要的，与动物的区分是次要的。卢梭指出，人只有与自身相区分，才能成为公民，亦即自由人。康德也强调，当人被对象所激动时，他要与自身相区分，这样他才是一个理性的人。这里的人自身就是人的给予性和现实性。所谓人与自身相区分就是人与自身的给予性和现实性相区分。唯有如此，人才能获得自身的规定。

但这种区分首先不是世界性和历史性的，而是语言性的。于是，智慧成为了真理性的语言或话语。所谓语言虽然是人的本性并显现为人的言说，但语言绝不是被人所规定，而是反过来，人被语言所规定。这是因为语言不仅是人的言说，而且也是语言自身的道说。于是语言包含了多重维度。首先是欲望的语言，它就是欲望直接或间接的显露。其次是工具的语言，它表达、交流并且算计。最后是智慧的语言，它教导和指引。智慧的语言与欲望和工具的语言相区分，它在历史上表现为神言、天言和圣言，而不同于人言。由于这种区分，智慧的语言就是语言自身，而不是语言之外的什么事情。在这样的意义上，智慧的语言就是纯粹语言。

作为纯粹语言，智慧的语言主要不在于描写、叙事和抒情，而在于说出道理。当然智慧的语言也会通过描写、叙事和抒情来表达自身的道理。如寓言就是描写、叙事而言说道理的典型，如圣歌就是歌唱了神圣的道理。这样，我们就不能要求智慧的语言要合乎某种历史的真实，并依据这样的真实来判定智慧语言的真伪。智慧语言的真实不是历史的真实，而是道理的真实，也就是关于事物之道的真理。因此，它比历史的真实更为真实。

作为真理的话语，智慧的语言具有否定性的表达式。这是因为在已给予的语言形态中，欲望的语言和工具的语言是原初的和主要的。它们是朦胧的、混沌的，甚至是黑暗的。面对这样的语言形态，智慧的语言首先就是否定，如同光明对于黑暗的否定，而达到对于自身的肯定。因此，智慧一般就具有光明的喻象，它是太阳、星星、烈火等。凭借自身的光明，智慧的语言展开了它的划界工作。它划清了什么是必然存在的和什么是必然不存在的，其弱形式亦即所谓的存在和虚无，是与非。与此相关，它还区分什么是显现的，什么是遮蔽的；什么是真实的，什么是虚伪的。在区分的同时，智慧的语言还进行比较，也就是分辨出什么是好的，什么是坏的，而且什么是较好的和什么是最好的。在这样的基础上，智慧的语言就要作出选择，人们既要放弃黑暗之路，也要告别似是而非的人之路，而要踏上真理之途。这便形成了开端性的决定。一般所谓的存在的勇气，去存在或者不存在的选择，最后都相关于是否听从智慧的语言的指引。

凭借说出道理，智慧的语言指出一条光明大道，并命令人们去行走。因此，智慧的语言在句型上就具有独特的形态。如果根据一般句法的分类的话，那么智慧的语言就一般不属于陈述句和疑问句，而是属于祈使句。它请求、命令、告诫、指引和规劝等。虽然它也会以陈述和疑问的形态出现，但它在这种已言说之中包含了尚未言说的，亦即一种祈使的意义。因此，智慧的语言始终具有一种否定或者肯定、毁灭和创造的力量。当然智慧语言的力量只是以一种特别的方式表现出来，它是言说，而不是行动。它看起来是无能，而不是大能。但智慧的语言的言说能够指引行动，于是，它的无能也就是它的大能。

智慧的语言作为否定性的语言经历了一个历史的发展过程。

人类学已经表明，人类最早的否定性的语言就是禁忌，也就是关于食物和性的禁忌：不能食用图腾，不能乱伦等。虽然禁忌确定了原初的人与自然、人与人之间的界限，并维系了他们的关系，但这种否定性语言却是神秘的。它并没有将自身的根据揭示出来，即说明为什么要禁忌。

在后来的各种宗教和文化中，否定性的语言构成了戒律的基本内涵。首先是人不能做什么，然后才是人能做什么。它们如犹太的《旧约全书》的"摩西十戒"中的不可杀人，中国传统文化中的各种礼仪等。虽然否定性的语言在此不再是禁忌，而是禁令，但它还不是思想本身。

论老子

否定性的语言告别了禁忌和禁令的形态，从而回到思想自身，这正是智慧的根本之所在。如果只是就西方中世纪的智慧而言，那么这种特征将变得更加明晰。例如《新约全书》中的否定性语言就是被思考的并召唤思考的，它充分表现于基督的言谈之中（最后的晚餐的谈话），更不用说保罗和约翰的书信了。它们的核心问题是神的真理和人的谎言的区分，并召唤人们放弃谎言，听从真理。但这种听从不是服从，而是理解，亦即思考。

到了现代，否定性的语言主要表现为各种法律。现代性社会的根本特征之一是法治社会。既不是神权，也不是王权，而是以人权为基础的现代法律制度制定了整个社会的游戏规则，并规定了人的现实生活。其中特别是作为各个民族国家的根本法——宪法以及联合国的人权宣言具有决定性的意义。法律作为游戏规则是人基于现实世界通过思考而约定的，但它却具有超出人之上的权威和力量。因此，法律作为智慧的语言是典型的权力话语。法律规定了人的权利和义务。所谓权利，就是人能够不做什么和能够做什么；所谓义务，就是人必须不做什么和必须做什么，如此等等。正是因为法律主要表现为否定性的语言，所以凡是法律所不反对的，便是可行的。

在智慧话语的这些历史演变中，我们又可以对它区分为神启的、自然的、日常的智慧形态。

神性的智慧主要是西方的智慧，其结构是由缪斯、圣灵和人的人性的言说所构成的。第一个时代（古希腊）的智慧表达于《荷马史诗》中，其主旨是：人要成为英雄；第二个时代（中世纪）的智慧显现于《新约全书》中，其核心是：人要成为圣人；第三个时代（近代）的智慧记载于卢梭等人的著作中，其关键是：人要成为公民，亦即成为人性的人和自由的人。这三个时代的智慧形成了西方历史的每一个时代的开端性的话语。如果对这些话语要提出后现代的问题："谁在说话"的话，那么回答将是明晰的：

智慧在说话。于是在不同的时代在说话的不是荷马，而是缪斯；不是福音传播者，而是圣灵；不是卢梭，而是人的人性，亦即所谓的人的神性。这些言说者不可能回归于一个更高的本源，这在于言说者之所以可能，是因为它在言说中得到了规定，而它的实现正是话语。因此不是"谁在说话"，而是"说了什么"才是根本性的。它作为话语召唤思想。因为作为西方智慧的言说者是缪斯、圣灵和人的神性，所以西方的智慧在根本上是一种神性的智慧。

与西方的神性智慧不同，中国的智慧是自然的智慧。人们一般将中国的思想分为儒、道、禅三家。儒家的圣人追求仁义道德，道家的理想是参悟天地之道，而禅宗认为，最高的智慧在于自我觉悟，亦即发现自性。这三者虽然也有较大的差别，但它们具有共同的特点，即不是神性启示的，而是自然给予的。儒家的智慧主要是关于人生在世的智慧，但它在世界结构的等级序列的安排中始终是将天地放在基础性的位置，这就是说天道是人道的根据。道家的智慧的核心是人与自然关系的智慧，它主张人要如同自然界那样自然无为。禅宗的智慧的根本是关于心灵的智慧，它意在回到心灵自身，回到它光明的自性。这三者实际上都肯定了人的自身给予性，也就是自然性，而不是与人不同的神的启示和恩惠。不仅如此，它们甚至让精神沉醉于自然，也就是使精神始终囿于自然的限制，而不是让自身成长。

除了上述神性的和自然的两重主要的智慧形态之外，还有一种日常的智慧形态。它主要保存在日常语言之中，如谚语、格言、箴言、传说、故事和民谣等。它们通过不同的方式说明日常生活世界的道理，特别是为人处世的法则。这类智慧缺少系统的构建，也没有复杂的论证，大都简单明了，通俗易懂。但日常智慧不可避免有它的有限性，即它的经验性使它缺少深度和广度。

但在现代和后现代的社会里，传统的智慧已经终结。就西方而言，上帝死了。这意味着神启的智慧不再是我们时代的规定性。就中国而言，天崩地裂。这标志着自然的智慧在我们的世界不再起着关键性的作用。当然，终结不是简单的消失，而是作为传统依然保存着。

在我们的时代或者世界里占统治地位的是多元的智慧，或者多元的真理。这里没有唯一，而是多元。一方面古老的智慧还在言说，另一方面新的智慧却在生长；一方面民族自身的智慧具有强大的生命力，另一方面民族之外的他者的智慧也包含了巨大的诱惑力。这样，多元真理形成了多元的世界。

四、游戏

生活世界就是智慧和欲望、工具三者的聚集活动。我们称这种活动为游戏。

生活世界的游戏始终是被欲望所推动的。只要人存在着，欲望就存在着。欲望是人的存在的显现的一个标志。同时，欲望指向所欲望之物，它推进了人的生产和消费。不仅如此，欲望是永无休止的。一个欲望满足之后又会出现新的欲望，仿佛是一条无穷无尽的河流。但只要欲望是欲望并且要满足自身的话，那么它就需要工具。欲望将自身设定为目的，将工具作为手段。由此，欲望让工具获取所欲之物为自己服务。欲望不仅需要工具，而且也需要智慧。这是因为人的欲望不是动物的本能，它要得到智慧的指引。只有在智慧的规定下，欲望才能在其实现过程保证自身的满足。

在生活世界的游戏中，工具扮演着和欲望不同的角色。它似乎从来都不是自在自为的，而是为它所用的。一方面工具服务于欲望。它不仅要效劳于欲望自身，而且要作用于欲望的对象，由此使欲望的对象满足于欲望自身。另一方面工具也服务于智慧。就智慧自身而言，它只是知识，因此，智慧的现实化必须借助于工具。正是如此，工具不仅是欲望的手段，而且也是智慧的载体。除了为欲望和智慧效劳外，工具自身也有自身的任务。这就是说，它要成为一个好的工具，亦即利器。当然，这看起来也是为了更好地为欲望和智慧服务。

当欲望和工具各从自身的角度来参与生活世界的游戏时，智慧也到来与它们同戏。智慧自身本来是与欲望和工具不同而分离出来的知识，反过来，它又指引欲望和工具。智慧首先是对于欲望划界。它指出哪些欲望是可以实现的，哪些欲望是不可以实现的。它一方面对于吃进行规范，如文明初期的禁食图腾，后来的禁食人肉，宗教中的关于一些食物的禁忌等；另一方面是对于性的规范，如不可乱伦、不可通奸、对于同性之间的性的禁忌等。智慧其次是对于工具划界。它指出哪些工具是可以使用的，哪些工具是不可以使用的。它一方面是对于满足吃的欲望的工具进行划界，如生食和熟食等；另一方面是对于满足性的欲望的工具进行规范，如是否应该避孕、堕胎和克隆等。对此问题的争论看起来是一个宗教的、道德的和社会的问题，实际上是一个智慧的问题。在这样的划界过程中，欲望和工具也就区分成两种：一种是合于智慧的，另一种是不合于智慧的。

生活世界的游戏就是欲望、工具和智慧三者的游戏。每一方都从自身出发，并朝向另外两方，由此构成了两重关系。一方面它们是同伴。这是因为整个游戏依赖于三方的共同在场，这三方中任何一方的缺席都将导致这个游戏的失败。另一方面它们是敌人。这在于每一方自身的肯定都是对于其他两方的否定。在这样的意义上，欲望、工具和智慧是敌人般的朋友，或者是朋友般的敌人。因此，整个生活世界的游戏也就是它们的斗争与和平。

在整个游戏活动中，尽管欲望、工具和智慧的角色不同，但它们的权利是平等的，亦即每一方都要存在和发展。这样，在游戏中就没有绝对的霸权、垄断和权威，也就没有中心、根据和基础。于是，生活世界的游戏就不是一般的活动，而是没有原则的活动。这在根本上实现了游戏的本性。当然，任何一个游戏者从自身出发都想充当原则，尤其是智慧要申辩自身的指导身份，但这种主张不会得到另外两方的承认，而是得到它们的否定。由此也显示出，生活世界的游戏不仅是无原则的，而且也是否定任何原则的活动。

虽然如此，在生活世界的游戏的历史发展的过程中，欲望、工具和智慧会在某一阶段占据主导地位。于是便有三种游戏形态，即从欲望出发的游戏、从工具出发的游戏和从智慧出发的游戏。由此，历史就形成了三种可能的极端世界。

如果游戏从欲望出发去游戏的话，那么欲望将是规定性的。在欲望的世界里，智慧失去了作用，因此就有道德沦丧和世风日下的现象。同时工具只是片面化为欲望的手段，它既没有自身的自持性，也没有智慧的对于自身的限定。占主导的是欲望的需要和满足，以及满足之后新的需要和新的满足。这样便是人欲横流和物欲横流。不再是人有欲望，而是人就是欲望。人成为了欲望者，人之外的世界成为了所欲者。于是世界中的人和物失去了其自身的独立性，而只是被区分为可欲望的和不可欲望的。这样一种欲望化的世界使人的世界变成了动物的世界。正是在动物的本能的世界里，一切只是单一地区分为可食的和不可食的，可交媾的和不可交媾的，并由此区分同伴和敌人。人的欲望化的世界不过是这种动物的欲望化世界的扩大化而已。

如果游戏从工具出发去游戏的话，那么工具将是规定性的。工具本身只是手段，而不是目的。它不仅服务于欲望，而且也效劳于智慧。作为手段，工具似乎从来就是被规定者，而不是规定者。但工具作为手段不仅是手段，而且要成为更好的手段，甚至成为最好的手段。于是，工具就不仅以自身之外的欲望和智慧为目的，而且也以自身为目的。由此，工具就不仅是手段，而且也是目的。基于这样的角色定位，工具也就可以完全不顾欲望和智慧等的关联，而只是考虑自身的发展。这尤其表现在现代技术的技术化的进程中。显然技术的技术化不再只是手段，而是目的。技术的不断进步要求更快、更高、更强，因此，技术的真理不再是其他什么东西，而是效率。在技术化的社会里，工具不仅仅满足于欲望和智慧，而且也刺激新的欲望和要求新的智慧。

如果游戏从智慧出发去游戏的话，那么智慧将是规定性的。智慧的本性只是去指引欲望和工具，而不否定和消灭欲望和工具的存在性。这也就是说，它承认欲望和工具的存在，并且与它们同戏。智慧的指引在于给欲望和工具自身划分边界，让欲望作为欲望，让工具作为工具。在与欲望和工具同戏的同时，智慧自身也在生长。但一当智慧的指引成为极端化和片面化的时候，它就改变了自身与欲望和工具的关系。由此，它要消灭欲望和否定工具。西方的中世纪和中国的礼教传统都出现过这种极端化的智慧，但它们不是成为仁爱的真理，而是成为了杀人的教条。这样，智慧就不再是智慧，而是愚蠢。

但真正的生活世界的游戏就其根本而言是对于上述三种极端的游戏形态的克服，是欲望、工具和智慧三者的相互和谐的发展。虽然它们有差异、对立和矛盾，甚至冲突，但它们依然同属一体，相互共存。它们的游戏如同三者的圆舞。

游戏就是游戏活动自身。游戏的根本意义不在游戏之外，而在游戏之内，也就是在游戏自身。这就是说，游戏既不源于什么，也不为了什么，而只是去游戏。这种去游戏始终是源于自身并为了自身。生活世界的游戏也是如此。它并不指向生活世界之外，而是指向生活世界之内。它是欲望、工具和智慧源于自身并为了自身的活动。作为这样的活动，生活世界开始成为自身。

这就是生活世界游戏的生成。生成不是一般意义的变化，不是从一种状态到另一种状态的过渡，甚至也不是从旧到新的更换，而是从无到有的活动。生成在根本上就是无中生有的事件。因此，它是连续性的中断，是革命性的飞跃。在生活世界的游戏的生成中，一方面是旧的世界的毁灭，另一方面是新的世界的创造。由此，它形成了生活世界的历史，也就是欲望、工具和智慧的生成的历史。

首先是欲望的生成。

作为基本的欲望，吃的本能是基于人的身体的生命特性。人的身体需要获得身外的食物，以维系自身的生存和生长，而避免衰弱、疾病和死亡。这种欲望表现为饥饿感，亦即要求通过吃将食物变成身体自身的营养。因此，吃的首要的意义是充饥。充饥对于任何一个人来说都是生存的第一需要，特别是对于那些处于饥寒交迫的人来说更是如此。于是，满足充饥的活动甚至成为了推进人的生活乃至一个社会的动力。但当充饥满足之后，人的饮食行为就不再只是满足畅胃的需要，而是满足口舌的需要了。此时，吃便成为了在与充饥同时的美食行为。它是对于食物的味道的品尝。人们不仅要求有一些食物，而且要求有精美的食物；不仅要求食物是有营养的，而且要求食物是形色香味俱全的；不仅要求食物是多样的，而且要求食物是变化的，如此等等。在此，人们往往只是为吃而吃。这种美食的兴起直接导致了鉴赏趣味的发展和提升。由此，人们不仅品谈食物，而且也品谈自然、人物和艺术。但吃最后还演化成为一种礼仪。这里吃的行为自身包含了许多吃之外的意义。中国人在春节时用食物祭祀先祖，让不在场的人和在场的人聚集在一起。西方基督教的圣餐中的葡萄酒和面饼是基督的血与肉，信徒们的领受不仅是对于基督的纪念，而且也是与上帝的共在。至于现代生活中各种私人的和公共的宴饮则具有许多不同的意义：聚会、庆祝、迎接和告别等。

如果说食欲是为了个人的身体不致死亡，那么性欲则是为了种族的身体不致消失。于是，性首先便表现为生殖。人是要死的，但这个要死的人却在自己的子孙后代身上看到了自己的死而复生，且生生不息。在生殖行为中当然有性欲的要素存在，但真正的性欲及其满足的快乐是与生殖相对分离的。由此，性行为不再作为生殖的中介，而是作为性欲本身，如此的性欲及其满足便以自身为目的。这时的性表现为纯粹的肉体感官愉悦，它就是人们讲的色情之乐。但既不是生殖，也不是色情，而是唯有爱情才是性的最高升华。爱是给予，因此，相爱就是给予与被给予。为什么？个体在他的成长过程中意识到了自身的界限及其残缺，他只有在异性中才能使之达到完满。由此，异性的存在便是自身渴望和追求的根据。它使人超出自身，在两性的合一中结束不完满并达到完满。在此过程中，每人对于他人而言都是给予者和被给予者。这种给予和被给予是全部身心的。异性不仅渴求精神的沟通，也渴求肉体的交媾，从而成为一体。但这个爱的一体是给予与被给予的统一。于是在爱中便开始了伟大的生成，男女成为了新人。他们既各自展开自身独特的个性，又建立相互灵肉共生的关系。

其次是工具的生成。

工具最初只是手段。人为了满足自己的欲望，必须制造和使用工具。工具作为工具之日起，它就是作为直接或者间接的手段，为实现人的目的服务。于是，它既不同于纯粹的自然之物，是自在的；也不同于人所创造的艺术作品，是自为的。工具虽然是一个独立的物，但它始终指向自身之外。它源于人，并且为了人。在效劳于人的活动中，工具丧失了自身的独立性，它只是听命于人的安排。不仅如此，工具在使用过程中还会逐渐自身消失。因此，它作为一个被使用的手段将会被人抛弃。

虽然工具是人的手段，但为了成为更好的手段，它也成了自身的目的。这样，它便有了自身的规律和发展逻辑，而且是不以人的意志为转移的。特别是现代的科学技术不再简单地是人的手段，而是以自身为目的。它取代了历史上曾经存在过的上帝和天道，并成为了新的上帝和天道。这种以自身为目的的现代科学技术不仅超出了人的控制，而且也丧失了自身的边界。这就是说，它成为了无限的和没有穷尽的。如现代的原子技术、生物技术和信息技术所敞开的可能性，不仅是人未曾经历过的，也是人无

论老子

法想象的。

于是，工具既不能简单地看成人的手段，也不能简单地看成以自身为目的。特别是现代科学技术要求人们对于工具进行新的思考。这种思考必须抛弃片面的手段和目的的模式。也许工具自身既是手段也是目的，也许它既不是手段也不是目的。工具是人的伴侣，是沟通人与其生活世界关系的信使。因此，现代的工具如科学技术一方面要沟通人与自然的关系，另一方面要沟通人与自身的关系。在这样的关联中，工具既让自身存在，也让人和万物自身存在。

最后是智慧的生成。

一般人认为，比起欲望和工具，智慧或者真理是永恒存在的、千古不变的。它们存在得如同上帝，存在得如同天道。但事实上，智慧也是处于永远的生成之中，它不是永恒不变的，而是不断成长的。对于人的生活世界的游戏来说，并没有一个预先给予的智慧，而只有在此游戏中与欲望和工具一起生长出来的智慧。同时，智慧随着其历史性使命的完成，也有其死亡和终结。于是，人们既不能相信智慧的永垂不朽，也不能希望它的死而复活，而是要思考智慧的死亡和新生。这正是智慧的历史性的生成。

智慧的历史是一个由外在到内在的过程。人类历史古代的智慧总是以外在于人的形态表现出来的，它们或者是神灵，或者是天道。当然神灵和天道的显现最后还是依赖于人，这个人就是圣人。圣人向人们说出了智慧，指出了真理。但圣人既不是作为人，也不是作为个人自身在言说，而是作为神灵和天道的代言人在言说。因此，所谓智慧就是神灵的启示和天道的显现，它规定了人在世界中的生活和道路。与人类历史古代的智慧的外在性不同，现代的智慧却是内在性的。这就是说，人不需要借助于人之外的其他什么东西，而是依靠于自身。人自己说出了关于生活世界的智慧，规定了自己的存在、思想和言说，由此制定了生活世界的游戏规则。正如各种法律都是人的意志，并且是人的约定。但随着事物的变化，法律不仅有制定，而且有修订，甚至还有废止，由此重新制定。

智慧的历史也是一个由一元的到多元的过程。人类历史古代的智慧一般都是一元的智慧。特别是当宗教成为智慧的主要形态的时候，我们看到了每种宗教都宣称自己是唯一的真理，并以此统治那些信仰的民众。就一神教而言，有犹太教、基督教和伊斯兰教；就非一神教而言，有印度教、佛教和道教等。这些宗教，其中特别是一神教不仅主张自己所宣扬的智慧的唯一性，而且要求自己的普遍性。因此在历史上就出现了频繁的宗教战争。但人类历史进入现代之后，智慧进入到多元的格局。一方面，唯一的真神死亡了，由此历史进入到无神的时代。那些依然存在的各种宗教不再宣称自己的唯一性和普遍性，而是承认多元，并寻求和他者对话。另一方面，现代世界的智慧是差异的、异质的、多样的和非同一的。它们形成了不同的游戏规则，并指导了不同的游戏活动。由此，生活世界的大世界分离出许多小世界。

正是由于不断生成，欲望、工具和智慧才使自身日新月异。由此，它们创造了世界并形成了历史。但历史作为生活世界的游戏不是必然的，而是偶然的。它反对各种决定论和宿命论，而强调随机、选择和突变。由于这样，生活世界的游戏克服了有限性，而获得了无限性。于是，生活世界的游戏是一场无穷无尽游戏。

五、当代世界

当代世界有许多特点，但究其根本，大致有三：其一，虚无主义；其二，技术主义；其三，享乐主义。

1. 虚无主义

什么是虚无主义？它将存在理解为虚无。这听起来有些荒唐，因为世界就是有，而不是无。一个虚无主义者也生存于一个现实世界之中，他无法否认自身和世界的存在特性。但虚无主义显然是对于存在的背叛和反离。所谓的虚无并不是否定人和世界的存在，而是否认其存在的意义。因为存在没有意义，所以存在自身就是虚无。

那么什么是存在的意义？存在的意义是存在的根据和目的，它使存在作为存在成为可能。存在都有一根据，存在都有一目的。所谓的根据就是存在的所来之处，所谓的目的就是存在的所去之处。根据是事物存在的基础、理由和原因。正是凭借此基础，万物才能展开自身。目的是事物存在的方向、归宿和使命。它是关于事物本身的"为什么"的回答。基础和目的往往是重合的，因此所来之处也是所去之处。

我们一般给自己的存在设定一个基础和目的。这就是说，我们的生活总是"由于什么"和"为了什么"而获得了其存在的支撑点。这些什么在其历史的发展中是多种多样的。它可能是自然或天道，在其自然性的意义之外，还包含了伦理和宗教的意义。它可能是社会，如国家、民族和家族。它也可能是神灵，不管它是一神教的上帝，还是多神论的诸神。如果说人的存在是一条有限的道路的话，那么这些"因为什么"和"为了什么"正是道路的起点和终点。路途本身是没有意义的，唯有起点和终点才是有意义的。

但虚无主义否定了存在的根据和目的。存在没有了根据，亦即没有了基础。一个没有基础的生活就是立于沙滩之上，随时有倒塌的危险；就是处于深渊之中，始终面临吞没的厄运。一个没有目的的生活看不到任何远景，任何希望，它除了茫然，就是空白。当然，这种没有了基础和目的的存在也不以自身为基础和目的。虚无主义不仅认为存在自身之外的基础和目的是虚无的，而且存在自身也是虚无的。

不过，虚无主义并不是人类的普遍的历史命运，而是西方的独有现象。古希腊的柏拉图认为现实世界和理式世界相分离，现实是虚幻的，理式是真实的。中世纪的基督教相信在此岸之外存在着彼岸，人的话语都是谎言，神的道才是真理。到了近代，康德的现象界和物自体的区分构成了人类理性的界限。这样一种二元对立的思想始终设定了一个世界是虚幻的，另一个世界是真实的。只是现代的尼采指出了这个所谓的真实的世界并不是真实的，而是虚幻的；相反，那不真实世界才是真实的，是不虚幻的。尼采的虚无主义实际上是对于西方历史上的虚无主义的否定，这集中地表达为"上帝死了"。只是在此，西方的虚无主义才到达了顶峰。

与西方的历史相比，中国历史上并没有产生虚无主义。虽然道家贵无，禅家论空，给人以虚无主义的嫌疑，但是它们与西方的虚无主义不可同日而语，因为它们在根本上并不否定现实世界。道家的贵无导向自然，禅家的论空归于自性。至于中国思想的主体儒家更是以肯定现实生命作为其根本。儒家不仅否定虚无主义，而且也否定道家的贵无和禅家的论空。作为儒家的核心就是具有多重意义的天道。它既是自然性的，又是伦理性的，也是宗教性的。以天道为基础的人道是基于血亲之爱的仁爱向非血缘关系群体的扩大化和普遍化。"天地君亲师"正是这样一个天人一体的世界中的结构序列。天道是任何一个个体存在的意义，是他的存在的基础和目的。

但 19 世纪末以来，中国传统精神处于一个危机的时刻。一方面它在千年的历史发展中已完成了自身的历史使命，缺少自我更新的能力。另一方面它无法抵抗来自于西方的"他者"的侵入，而只能节节败退。作为儒家思想主体的天道观开始衰败。它表现为"天地君亲师"的世界结构在根本上开始瓦解。天塌了，天地不再是人们安身立命的不可动摇的根基。君主也不复被认为是真命天子；相反，人们要推翻帝制，实行共和。与此相关，那被认为是社会基本单元的家庭也失去了其尊严，人们要走出家庭，也就是青年人要摆脱父母对于他们命运的支配。最后大成至圣先师的孔子死了。人们高呼打倒孔家店，并揭示了仁义道德吃人的本性。

论老子

　　伴随着天崩地裂的历史现象，虚无主义开始在中国历史上产生，传播和流行。

　　虚无主义首先在于存在的无根据。天道一向作为中国人及其世界存在的根据，但它自身是没有一个根据的，因为天道就是自然，亦即自然而然。于是天道自身为自身建立根据，它是自明的，不可怀疑，不容追问的。但是天道为何能成为人道的基础呢？这却是幽暗的，值得怀疑和需要追问的。天道和人道的关系的建立是基于这样一种理由，天人之间相关联且相类似，如天地与男女。但天道与人道之间的类似不过是似是而非，因此天道对于人道的决定不是必然的，确定的。这样天道并不能成为人道的根据。在天道作为人道的根据的虚幻性被揭示之后，人道自身便丧失了一个支撑点，它自身就处于深渊之中。

　　虚无主义其次在于思想的无根据。中国的思想的出发点并不是思想自身，而是思想之外的天道。这就是说，天道给思想确立基础，思想沿着天道所开辟的道路行走。由于这样，思想的任务就是描述自然以及在自然之上所建立的历史，而不是思考自身。但天道并不能给思想制定规则，因为思想超出自然之上。在这样的意义上，思想是超越的，并因此和自然之间存在断裂。于是思想不再以天道为基础，也不再以其他任何一种存在者为基础。一个不以天道为根据的思想，从此就如同幽灵一样漂浮在自然之外。

　　虚无主义最后还在于语言的无根据。汉语作为一种民族语言所形成的历史的话语表明了和天道的一种深刻的关系。天地无言，但天道显示，形成所谓的"道之文"。圣人体察天地的奥妙，并将其说出来，形成圣人之言，并书写为经书。这便构成了历史性的民众的话语，因为民众不过是倾听并言说圣人亦即天道之言而已，这就是所谓的"原道、征圣和宗经"的为文与言说之道。但在天道不复成为人的存在和思想的根据之后，它与语言的关系也变得十分地脆弱。天地不再显示，圣人也不再言说，于是历史性的民众陷入了失语的困境。

由于虚无主义敞开了存在、思想和语言等维度的基础的无根性，一切建立在自然基础上的世界在现代生活中丧失了生命力，如山水诗、山水画和庭院建筑都走向了死胡同。它们的延续只是一种历史遗产的保留，它们的任何改革或改装在根本上也不能挽救其衰败的命运，它们似乎与我们的时代脱节了。

虚无主义惊醒了一个漫长的历史的民众的梦想。只要人继续做梦，他就在天地间拥有一个稳固的基础。但只要人走出了梦境，他就面对天地外一个巨大的虚空。生存于虚无中，这本身是一个悖论，是一个荒谬的事情。因此这召唤现代的知识分子来填充虚无。其中国粹派们不仅相信儒家可以拯救中国的未来，而且可以指导世界的明天。他们所构建的新儒学的新内圣外王之道就试图为现代人建立精神支柱。与此不同，西化派们则认为中国伦理资源亏空，唯有西方能提供帮助。于是不仅科学与民主，也不仅人道与自由，而且基督教上帝也引入了现代中国人的精神空间。但不管是中国的孔夫子的复活还是西方的基督教上帝的来临，都是虚无主义的独特表现，它不过是用一种虚无填充另一种虚无，因为天塌了和上帝死了成为了中西历史上不可克服的命运。

因此中国现代的虚无主义在于，一个基础毁灭了，而另一个基础尚未建立。但问题是：任何一个另外的基础都必然也是没有根据的。于是虚无主义的真实本性不过是存在自身没有为自身建立根据。

2. 技术主义

虚无主义在中国的出现宣告了自然世界的隐退，取而代之的是技术时代的到来。现代技术的本性已不是传统的技艺，也不只是人的工具和手段。它成为了技术化，成为了技术主义，也由此成为了我们时代的规定。这样一种规定正是通过设定而实现的。

论老子

现代技术当然首先设定了自然。在技术的世界里，自然不再是上帝的创造物，具有神性的意义，也不是天地的自行给予，自足自在。相反，技术通过发现自然的规律，使自然完全成为了人的设定物。由此技术仿佛另一个上帝，可以创造并毁灭一个世界。现在的原子技术、生物技术和信息技术已经充分凸显了技术对于自然设定的特性。

现代技术其次也设定了人自身。人一向被看成是上帝所造和父母所生，因此人的身体的神圣性不允许它有任何改变。但我们可以美化人的身体，改变我们的身体的器官，乃至重塑性别。基因技术在生育中的使用，将可以人为地变更婴儿的遗传基因，而选择某些基因。克隆技术在人自身的实验将使人成为真正的上帝，按照自己形象造人。

最后，现代技术设定了思想，形成了虚拟世界。它超出了现实的可能性，也破坏了日常思维的惯常性，由此制造了人们的震惊。网络世界之所以可能是虚拟的，是因为它只是信息的集合和语言的集合。语言可以反映现实，但也可以不反映现实。如果语言与现实相关，那么它就有真与假，是与非的问题。合于现实的语言就是真话，不合现实的就是假话。如果语言摆脱了现实的限制，那么它就建立一个纯粹的想象的世界，并因此开辟了一个无穷的时空。这里就没有真与假，是与非的问题，而只有游戏。

3. 享乐主义

在我们的时代，除了所谓的虚无主义和技术主义之外，就是享乐主义的流行。享乐主义是欲望的极端化。虚无主义和技术主义相联推动了享乐主义的蔓延。

虚无主义否定了一切基础和目的，也就切断了欲望和人的存在其他方面的关联。当人生存于"天地君亲师"的世界的时候，他的欲望是被天地和国家所限制的，以致有"存天理，灭人欲"之说。当人还被称为"理性

260

的动物"的时候，人的肉体和灵魂都被精神所规定。但对于虚无主义来说，欲望没有了规定。这种没有规定的欲望也没有边界。一切欲望都是可以满足的，一切人和物都是可欲的。

技术主义由于对于万物的技术化，给欲望提供了无穷的手段和工具。技术对于欲望的意义在于，它克服了欲望的身体亦即自然的限度，使之人为地刺激和满足，并且不断地刺激和满足。借助于技术，欲望可以说开辟了新天新地。例如，吃变成纯粹的吃，而且变换花样吃。满汉全席和中西大餐等吃的文化正传播各地。性由于避孕技术以及各种古今春药的运用，已使它的活动不断在超越极限。技术在不断地显示出欲望那幽深的领域。

当今世界图形是市场经济、消费社会和物质社会，其本性就是享乐主义的。如果整个世界就是欲望的生产和消费的市场的话，那么一切就欲望化了。人成为了欲望者，世界成为了欲望物。人们不断地刺激和满足欲望，并由此享受着快乐。

六、批判

面对虚无主义、技术主义和享乐主义，我们的思想能有何作为？

让我们追忆一下老子《道德经》的箴言，听听他对于欲技道说了什么。老子说道法自然，这也许可以克服虚无主义；老子说以道限技，这也许可以克服技术主义；老子说以道制欲，这也许可以克服享乐主义。当然，老子还强调道自身生而又生，生生不息，这会使道自身不断更新。

但老子的箴言究竟给予了我们什么启示？这也许不是其他什么东西，而是对于欲技道的批判。

何谓批判？在日常语言中，批判或者批评的意义是否定性的，与作为肯定性的表扬或者赞扬相对。批判通常是批判者指出被批判者的缺点，并

论老子

揭示其原因。当批判者和被批判者相异的时候，批判就成为了一般意义的批判；当它们相同的时候，就成为了自我批判。这种批判之所以可能，是因为批判者借助于某种既定的尺度来衡量被批判者并由此发现其与尺度的不足。

这种否定意义的批判其实只是日常语言中的一种。批判的另一种语意包含了区分、分辩、审查、评判等。但它首先只是对于事实本身的描述，而不是对于事实的肯定或者否定的评价。如果它要评价事物的话，那么它既可能是否定的，也可能是肯定的。这种意义的批判已经克服了作为否定意义的批判的狭隘性，为接近批判的本性敞开了一条可行的通道。

让我们看看思想是如何作为批判现象发生的。

所谓思想总是关于所思考之物的思考，也就是关于事物的思想，不管这个事物是现实的还是非现实的。思想的任务就是要将它所思考的事物揭示出来，显示出来，从而让事物成为自身。

一个事物成为一个事物，也就是获得了它自身的同一性。但事物自身的同一性同时也意味着与他物的差异性。这就是说，一个事物是自己而不是他物。在"是"与"不"之间的界限正是事物自身的边界。

边界又意味着什么？边界是一条特别的界限，是一个事物的起点和终点。在起点的地方，事物开始自身；在终点的地方，事物完成自身；在起点和终点的中间，事物展开和发展了自身。于是事物在边界之中使自身成为了一个完满的整体，也就是一个具有开端、中间和终结的结构。

因此正是在边界这个地方，一个事物才能成为自身，同时与其他事物区分。一般所谓的无序和有序、混沌和世界的差异就在于无边界和有边界。如果一个地方尚没有边界的划分，那么它就是无序的并因此是混沌；如果一个地方已经划分了边界，那么它就是有序的并因此是世界。边界构成了世界的开端。

虽然边界是事物本身的规定性，但它作为事物最大的可能也是其最大

262

的限度。因此边界就是临界点。在这个特别的地方，一个事物既可能成为自身，也可能不成为自身。它或者是自身毁灭，或者是变成他物。在这样的意义上，所谓临界点也就是危机之处。汉语中的危机包含有危险和机遇双重语意，既是否定性的，也是肯定性的。所谓危险是指事物的死亡，所谓机遇是指事物的新生。

事物的边界并不是始终如一的，而是不断变化的。边界的位移在重新划定事物与其他事物的界限的同时，也改变了事物自身的本性和形态。正是在不断越过自身边界的过程中，事物才是不断生成的，而具有历史，并能够成为"划时代"的。所谓"划时代"就是历史的中断，亦即一个时代的终结和另一个时代的开端。

但事物在确定其边界时向思想发出了吁请，需要思想的参与。与此同时，作为关于事物的思考，思想就是要划分事物的边界。在这样的关联中，思想和事物是同属一起而共同生成的。作为边界的划分，批判就成为了思想的根本规定。

那么，批判对于虚无主义、技术主义和享乐主义有何作为？

批判并不是简单地否认虚无主义、技术主义和享乐主义，而是要为它们区分边界。因此，一方面要抛弃存在之外的任何根据，另一方面要给存在自身建立根据；同时，一方面要让技术改变和改善我们的生存，另一方面要让人和万物自在自得，如其所是；最后，一方面要使欲望不断解放自己，另一方面却不要让它成为了贪欲。

这种边界的区分实际上是为我们时代的生存提供某种游戏规则。唯有游戏规则的建立，人们才能进入游戏并去游戏。当我们确立了欲望、技术和智慧的边界之后，我们就可以进入到欲技道的游戏中去。在天地之间，我们建立一个美好的生活世界。

1. 司马迁：《史记·老子韩非列传》

老子者，楚苦县厉乡曲仁里人也，姓李氏，名耳，字聃，周守藏室之史也。

孔子适周，将问礼于老子。老子曰："子所言者，其人与骨皆已朽矣，独其言在耳。且君子得其时则驾，不得其时则蓬累而行。吾闻之，良贾深藏若虚，君子盛德，容貌若愚。去子之骄气与多欲、态色与淫志，是皆无益于子之身。吾所以告子，若是而已。"孔子去，谓弟子曰："鸟，吾知其能飞；鱼，吾知其能游；兽，吾知其能走。走者可以为罔，游者可以为纶，飞者可以为矰。至于龙，吾不能知其乘风云而上天。吾今日见老子，其犹龙邪！"

老子修道德，其学以自隐无名为务。居周久之，见周之衰，乃遂去。至关，关令尹喜曰："子将隐矣，强为我著书。"于是老子乃著书上下篇，言道德之意五千余言而去，莫知其所终。

或曰：老莱子亦楚人也，著书十五篇，言道家之用，与孔子同时云。

盖老子百有六十余岁，或言二百余岁，以其修道而养寿也。

自孔子死之后百二十九年，而史记周太史儋见秦献公曰："始秦与周合，合五百岁而离，离七十岁而霸王者出焉。"或曰儋即老子，或曰非也，世莫知其然否。老子，隐君子也。

老子之子名宗，宗为魏将，封于段干。宗子注，注子宫，宫玄孙假，假仕于汉孝文帝。而假之子解为胶西王卬太傅，因家于齐焉。

世之学老子者则绌儒学，儒学亦绌老子。"道不同不相为谋"，岂谓是邪？李耳无为自化，清静自正。

——引自司马迁：《史记》，中华书局 1982 年版

2. 刘向（旧题）：《列仙传·老子》

老子姓李名耳，字伯阳，陈人也。生于殷，时为周柱下史。好养精气，贵接而不施。转为守藏史。积八十余年。《史记》云："二百余年时，称为隐君子。"谥曰聃。仲尼至周见老子，知其圣人，乃师之。后周德衰，乃乘青牛车去，入大秦，过西关。关令尹喜待而迎之。知其人也，乃强使著书。作《道德经》上下二卷。

老子无为，而无不为。

道一生死，迹入灵奇。

塞兑内镜，冥神绝涯。

德合元气，寿同两仪。

——引自邱鹤亭：《列仙传注译》，中国社会科学出版社 2004 年版

3. 马丁·布伯：《道教》

......

老子用"无"之教来克服公认的智慧，用"无为"之教来克服公认的道德。

......

老子的一生秘而不露，原因在于他的生命就是教的生命，是一种隐秘的生命。史家简短地记叙了他的生平：其生："其学以自隐无名为务"，其死："莫知其所终"。

论老子

……

——引自《马丁·布伯著作集》第一卷:《哲学论著》,慕尼黑:克泽尔出版社,海德堡:兰伯特·施奈德出版社 1962 年版。转引自夏瑞春:《德国思想家论中国》,江苏人民出版社 1997 年版

4.卡尔·雅斯贝尔斯:《老子》

……

《道德经》一书的存在是确凿无疑的。不过,该书的成书经过却使人怀疑,它原本并非一部完整的著作。但该书内在的连贯性却令人折服——尽管有些文字可能经后人篡改过——以至于人们不可能对它出自某位一流人物之手产生疑虑。这位人物通过书中的言谈,仿佛近在咫尺,面对着我们侃侃而谈。

《道德经》是部谈道论德的著作。全书由长短不一的格言警句组成,分成为八十一章节。章节的前后顺序,并不是按一个贯穿于始终的系统排列的。偶尔,内容相关的章节组成一个群落,譬如书中末尾的一些章节是有关"政治"的。文章一开头就提出中心论题,接着往下是围绕中心议题而进行的意味深长的阐发,这种阐发以警句格言的形式出现,并无推理论证。它以一个完美的整体呈现在读者的眼前。同一种事物以不同变式反复论说,给人以事实上的而并非靠文字本身才形成的始终一贯的体系。尽管其术语有前后不一之处,它却使人感到阐述事物的条理性。它那佯谬的语句所具有的说服力,它的谨严认真态度以及它那似乎不见底的思想深度使其成为了一部不可多得的哲学著作。

……

——引自《思考始源的玄学家》,慕尼黑:R.皮珀公司出版社 1957 年版。转引自夏瑞春:《德国思想家论中国》,江苏人民出版社 1997 年版

5. 海德格尔:《通往语言的途中》

······

也许"道路"一词是一语言的原初之词，向沉思的人们劝说着。老子诗意般的思想的主导词称为道并意味着"本真的"道路。但因为人们容易外在地将道路设想为两地之间连接的路途，所以他们匆忙地认为我们的"道路"一词不适宜于道所命名的东西。因此，人们将道翻译成理性、精神、意义和逻各斯。但是，道可能是那推动一切的道路，所谓的一切亦即这种：从那里我们首先可能去思考，理性、精神、意义和逻各斯本真地，也就是从其自身的本性而来想言说的。如果我们让这些名字回归其未被言说并且能够去让，那么，也许在"道路"、道一词中隐藏着思考着的言说的所有秘密的秘密。也许当今方法的统治神秘的力量正来源于此，即这些方法，不论其效力，但也只是一巨大的隐蔽的河流的分支。这条河流是推动一切并为一切开辟了其自身路径的道路。一切即道路。

·······

——引自海德格尔:《通往语言的途中》，内斯克出版社 1993 年版

参 考 文 献

（按拼音字母为序）

一、中文部分

1.陈鼓应：《老子注译及评价》，北京：中华书局，1984 年。

2.丁四新：《郭店楚竹书〈老子〉校注》，武汉：武汉大学出版社，2010 年。

3.傅奕：《道德经古本》，载《正统道藏》。

4.高明：《帛书老子校注》，北京：中华书局，1996 年。

5.河上公：《老子道德经河上公章句》，北京：中华书局，1993 年。

6.王弼：《王弼集校释》，北京：中华书局，1980 年。

7.瓦格纳：《王弼〈老子注〉研究》，南京：江苏人民出版社，2008 年。

8.夏瑞春：《德国思想家论中国》，南京：江苏人民出版社，1997 年。

二、西文部分

1.Mitchell，Stephen（译）*Tao Te Ching*, New York, Harper & Row,1988.

2.Schwarz,Ernst（译）*Daudedsching*, Muenchen, Deutscher Taschenbuch Verlag, 1998.

3.Star,Jonathan（译）*Tao Te Ching*, Jeremy P. Tarcher/Penguin, 2008.

4.Ular,Alexander（译）*Die Bahn und der rechte Weg*, Leipzig, Insel-Verlag，1920.

5.Ulenbrook,Jan（译）*Lau Dse, Dao doe Djing Das Buch vom Rechten Wege und von der Rechten Gesinnung*，Bremen, Carl Schueneman Verlag, 1962.

6.Von Strauss,Victor（译）*Lao-tse's Tao Te King*, Leipzig, Verlag der "Asia Major"，1924.

7.Waley, Arthur（译）*Tao Te Ching*, 北京：外语教学与研究出版社，1998 年。

8.Wilhelm, Richard（译）*Tao Te King*, Hamburg, Nikol Verlag, 2010.

后　记

　　在本书写作完成之际，我要感谢所有那些对于本书有所贡献的人。其中，我要感谢乔还田先生（人民出版社副总编辑）和洪琼博士先生（人民出版社法律与国际编辑部副主任），他们一直关心本书的写作和出版事宜；感谢贺念博士先生（德国慕尼黑），他从德国给我寄来了数种德文版和英文版的《道德经》；感谢张永恒先生（人民日报社）、彭卫国先生（纽兰投资公司）、杨凯军博士先生（武汉大学）和张红军博士先生（洛阳师范学院），他们促成并参与了我 2012 年夏天在老子故里的考察工作；感谢河南省鹿邑县委和县政府、三门峡市的灵宝市委和市政府，他们热情友好地支持了我 2012 年夏天在老子故里考察的全程活动；感谢黎伏生先生（涵芬印社），他为本书题写书名并刻治了印章；感谢肖世孟教授博士先生（湖北美术学院），他为本书收集了历史上的相关图片；感谢苏献智先生（鹿邑县高中），他为本书提供了老子故里的有关照片；感谢上官莉娜教授博士女士（武汉大学）、李江颖女士（神州数码公司）、徐忠玉先生（武汉融坤教育公司）等，他们以不同的方式支持了本书的写作和出版。

彭富春

2013 年秋于武汉大学

270